Efficient Speech

高效演讲

如何把当众讲话变成影响力

柳婉琴◎著

江西美术出版社
JIANGXI FINE ARTS PUBLISHING HOUSE

图书在版编目（CIP）数据

高效演讲 / 柳婉琴著 .-- 南昌：江西美术出版社，2017.5（2019.8 重印）

ISBN 978-7-5480-4333-1

Ⅰ.①高… Ⅱ.①柳… Ⅲ.①演讲–语言艺术 Ⅳ.①H019

中国版本图书馆 CIP 数据核字（2017）第 036348 号

出品人：汤 华
企 划：北京江美长风文化传播有限公司
策 划：北京兴盛乐书刊发行有限责任公司
责任编辑：王国栋 刘霄汉 朱鲁巍 宗丽珍 康紫苏
版式设计：曹 敏
责任印制：谭 勋

高效演讲

作 者：柳婉琴

出 版：江西美术出版社
社 址：南昌市子安路 66 号江美大厦
网 址：http：//www.jxfinearts.com
电子信箱：jxms@jxfinearts.com
电 话：010–82293750 0791–86566124
邮 编：330025
经 销：全国新华书店
印 刷：北京柯蓝博泰印务有限公司
版 次：2017 年 5 月第 1 版
印 次：2019 年 8 月第 2 次印刷
开 本：880mm × 1280mm 1/32
印 张：7
I S B N：978-7-5480-4333-1
定 价：26.80 元

柳婉琴

女性演说家

香港艾尚国际联合创始人

全国先进爱国企业家

中国女创学院金牌讲师

中国女创学院福州分院院长

E-MBA 云商学院事业合伙人

2015 中央电视台华人年度楷模人物

责任和使命：帮助女性实现美丽创业梦

半午时间让企业完成从电商到线下的华丽转型，帮助上万女性点燃生命激情，带领艾尚国际席卷中国美业，成为第一个闯入中国美业的服装品牌。今天，不只是在中国，在美国、日本、澳大利亚、新加坡……都拥有艾尚国际加盟商。

用演讲的力量时刻告诉自己：“每一位加盟商就像我的孩子一样，她们很多人都没有从事过服装行业，所以我更要用心培训她们，影响她们。”

用爱构筑事业，用美丽影响世界！

柳婉琴与乐嘉合影

前　言

Preface

当众讲话无时无处不会出现。当众说话的水平对个人价值实现、人生成功的作用是难以估量的。事业的成功和失败，往往决定于某一次讲话，这话一点也不夸张。美国人类行为学家汤姆士指出："讲话的能力是成名的捷径。它能使人显赫，鹤立鸡群。能言善辩的人，往往使人尊敬，受人爱戴，得人拥护。它使一个人的才学充分拓展，熠熠生辉，事半功倍，业绩卓著。"

无数成功者的事实证明，敢于当众讲话，善于说话是成功事业的催化剂，它直接关系事业的成败。综观历史，举凡政坛领袖、社会名流、商界精英等，无不拥有卓越的当众讲话能力。在每一次当众讲话中，他们都能够挥洒自如地展示口才，散发出非凡的影响力，从而赢得世人的仰慕和敬重。英国前首相撒切尔夫人，以其娴熟机智的出色讲话能力，塑造了英国史上一位崭新的风姿绰约、雍容而又不过度华贵、谈吐优雅和待人亲切自然的女首相形象。

在各种当众讲话中，演讲是被使用得最频繁，也最能展示个人的口才和影响力的一种。演讲是演讲者思想情操、修养学识、口才水准及气质风度、个性魅力的外在体现，是演讲者的仪表、举止、礼貌、表情、谈吐的综合反映。演讲者一经上场，一经开口，就会把自己的形象诉诸听众的视觉，直接影响听众的评价和审美。成功的演讲者总是可以用各种方式让听众如痴如醉，充分展示自己的魅力，影响和征服听众。

很多人感叹自己演讲口才的平庸，羡慕和崇拜那些口才杰出的演讲家们。其实，“问渠哪得清如许，唯有源头活水来”，像毛泽东、周恩来等许多伟人和名人那样谈吐睿智、幽默，都是以学识渊博和阅历丰富为基础的。所以要有好的演讲口才，平时必须多读书、多参加实践，多积累书本知识和社会知识。知识在于厚积而薄发，有深厚知识积累的人，讲起话来，底气十足，成竹在胸。胸有成竹，欲发则出；积之愈深，言之愈佳。

“冰冻三尺，非一日之寒”，演讲口才是经过长期磨炼才形成的。古罗马著名雄辩家和演讲家西塞罗说得好：“训练有文化素养的雄辩家的方法，不在于背诵演说的规则，而在于实地练习。”必须下一番苦功夫，多学，勤练，抓住一切机会，运用恰当的方法刻苦磨炼，是演讲口才家们取得成功的一条重要经验。

本书为每一位渴望提高自己演讲口才的人们提供了一条便捷途径。全书用深入浅出的语言将演讲者应当掌握的重要知识和演讲中必须运用的技巧娓娓道来，告诉读者如何修炼自己的演讲素养，如何锤炼自己的演讲语言，如何开好演讲的头、结好演讲的尾，如何吸引听众的注意力，如何与听众进行现场互动交流，如何展示自己的魅力影响和打动听众等，最终流利地表达自己的思想，一步步实现演讲目标，高效圆满地将演讲推向高潮。

练好演讲功底，运用演讲艺术，在讲台上大展风采，发挥你无与伦比的影响力，让全场掌声经久不息！

目　录

Contents

CHAPTER 3 完美表达：字字句句感染人心

CHAPTER 4 润色修辞：为演讲推波助澜

CHAPTER 10 控场应变：将影响力进行到底

附录一：中外名人经典演讲

附录二：高效演讲 100 招

CHAPTER 1

讲前演练：像演讲家一样演讲

演讲是人的思想和智慧之光的体现。演讲艺术的高低，取决于一个人的综合实力，取决于其长期的文化积淀与实践历练。成功的演讲者不仅要具有高尚的道德品质和丰富广博的知识，还应当拥有良好的心理素质，如此才能在大众面前自如地讲话、发表意见，既镇定自若，又侃侃而谈。演讲之前，做好心理、素养、能力等方面的准备和演练，可让演讲稳操胜券。

◎ 修养：树立演讲家的风范

要成为一名出色的、受人欢迎的、有影响力的演讲者，就应该在思想、道德、品质、学识等方面达到一定的标准和水平，对此做的努力和培养就是演讲者的自我素质修养。那么，演讲者应具备哪些素质修养呢？总而言之，就是先进的、科学的思想，高尚的道德品质和丰富广博的知识。

思想情操

大多数演讲者演讲的目的是教育人、启迪人，提高听众的思想认识、文化水平。这就要求演讲者本身必须具备先进的、科学的思想，这样才能拥有远见卓识，做到高瞻远瞩，识前人所未识，讲前人所未讲。

历史上许多著名的演讲家如德摩斯梯尼、西塞罗、林肯、马克思、恩格斯，他们无一不是伟大的思想家，他们的演讲也无时不在闪烁着真理、科学、智慧的光芒。今天我们提倡的"要给别人一杯水，自己先得有一桶水"也就是这个道理。尤其在科技高度发展的时代，新知识、新学科不断涌现，更需要演讲者努力学习，迅速掌握各种新思想、新科学和新方法，以更好地服务于听众。

道德品质

古人说："其身正，不令而行；其身不正，虽令不从。"这从某个侧面说明了演讲者道德品质的重要性。在生活中，任何一种行为都会直接或间接地与他人或社会发生关系，并受到一定社会规范的限制和协调，演讲也是如此。作为演讲主体的演讲者，更应以一个具有高尚道德水准的形象出现在公众面前，带头恪守社会道德规范，并应具备以下四点：

（1）政治道德。政治道德即应当有高度的政治觉悟、良好的政治品质、坚定的理想信念。

（2）职业道德。演讲者必须遵守自己从事职业的道德，如医德、师德等。

（3）社会公德。演讲者在一举手一投足间都应讲究文明礼貌，彬彬有礼。

（4）伦理道德。演讲者必须具备高尚的伦理观、恋爱观、婚姻观，以此才能把正确的伦理观念传播给听众。

丰富学识

演讲者要有丰富的学识，不仅是传道、授业、解惑的需要，也是演讲成功的基本条件。古今中外的演讲家无一不是学识渊博的，他们之所以能旁征博引，妙语惊人，之所以能把生动、具体、精彩的事例自如地组织到演讲中，就因为他们博览群书，知识丰富。在当今科技发展时代，各种科学高度分化和高度综合，演讲者如果不了解新知识，跟不上现代科学文化发展的步伐，就不会使演讲内容充实、新鲜、生动。

◎ 能力：娴熟自如地驾驭演讲

有了思想、品德、学识等方面的素质修养，演讲者要进行成功的演讲，还必须具备良好的表达能力、丰富的想象力、较强的记忆力以及敏锐的观察力。这是对演讲者能力的最基本的要求。

良好的表达力

演讲如果离开了口语表达能力是不可思议的。演讲稿写得再好，表达不出来，同样做不了演讲家。当然，口语表达能力不是天生的，它可以经过后天培养、训练而成。一般通过读讲法的训练，都可以达到口语表达流利顺畅，抑扬顿挫。所谓读，就是默读、朗读、快读；所谓讲，就是在任何场合、时间、机会都勇于去讲去练，久而久之定会有所提高。

丰富的想象力

在演讲中，想象力如同“点金术”，有了它就可以“思接千载，视通千里”，才能使演讲内容充实、新颖而多彩，才能将各种各样的事物与演讲主题巧妙地组合起来，讲起来才能文思泉涌，增强演讲的浓度、广度和感染力。

这需要演讲者努力培养自己的好奇心和探究力，对任何问题都拿出认真钻研的热情，对任何事物都有一种兴趣和求知欲望，并逐步增加生活经验，这是想象力的基础。

较强的记忆力

演讲者在演讲前的准备阶段，需要博览群书，吸取丰富知识，掌握大量材料和信息。写演讲稿时，凭着记忆力，才可以如囊中取物一般，迅速、准确地组织到演讲稿中。

在演讲中，也要靠记忆力，才能将演讲稿的主要材料、观点、事例等牢记于心。这样讲起来才能口若悬河，滔滔不绝。

敏锐的观察力

敏锐的观察力体现在以下三个方面：

首先，准备演讲时，有了敏锐观察力，就能从普普通通的生活中获取大量素材，通过分析和判断，从中发现生活的本质和社会的主流。

其次，在演讲中，有了敏锐观察力，可以了解听众的表情、心理及场上的气氛变化，及时调整演讲的内容、方式、节奏。

最后，在演讲后，有了敏锐的观察力，可以从周围的反映中综合分析自己演讲的成败得失，以使自己的演讲臻于成熟。

完整的分析、推理能力

分析能力是一种善于从类同的事物中发现不同，或从不同中看到相同的能力。它是一种联想力，是为推理提供素材的。在演讲尤其是即兴演讲过程中，分析能力的运作是高频率的。分析能力的展现往往是演讲者爱用许多比喻来说明问题。因此，演讲者平时可加强用生动形象的比喻来描述事物、表达观点方面的训练。

观察机能的作用，是知觉物体的存在；推理机能的作用是探索变化的原因以及推断未来的结果。好推理的人一般都有善于提出问题的特点，遇事总是问个“为什么”。可以说，推理贯穿于演讲酝酿的全过程。从为什么要讲，讲什么，到如何讲都需要表达者有良好的推理能力，至于内在的表达思路就更显重要了。

◎ 自信：满面自信上讲台

一个演讲者最重要的心理素质，就是自信。许多人不会演讲、不敢演讲，并不是表达能力上有什么缺陷，而是缺乏自信。

所谓有自信，就是对现实目标、圆满完成任务抱有成功的把握；否则，就是没有自信或信心不足。

自信心与成功欲密切相关。强烈的成功欲是人们实践活动的内驱力，是促进事业成功的主观因素。对演讲者来说，它的主要作用是触发心理动机，使演讲者对现实演讲目标高度关切。然而，希望成功并非自信成功。自信则表现为对实现目标的理性推断，它是通过对客观情况和自我能力统一比较衡量后产生的，是对自我素质和能力的信任。演讲者充分的自信表现为对实现演讲目标持肯定性推断，坚信演讲成功。成功欲和自信心都是形成良好的心理定式的重要因素，是演讲者重要的心理支柱。

自信可以发挥意志的调节作用，坚定意志；可以促使智力呈现开放状态，更有效地发挥演讲者的创造性。演讲者坚信演讲能获得成功，在良好的心理定式作用下，能以满腔热情对付演讲现场可能出现的各种复杂情况，并且始终保持清醒的头脑，砥砺意志，克服障碍。自信心强的人，很少有心理负担，精力充沛，思维活跃，易于触发创造性思维，左右逢源，能随机应变和临场发挥。同时，自信心强的人对自己的力量、气质、风度和技能能恰当地控制。相反，缺乏自信心的人，意志薄弱，时时产生一种消极的自我暗示。越怕失败，越怕人取笑，就越加分心，越加忧心忡忡，无形中束缚实际能力的发挥，导致演讲失去光彩。

演讲者要有意识地培养和树立坚强的自信心。自信心应建立在对自我素质和能力的正确认识上，建立在对演讲基本规律的娴熟掌握上，建立在对演讲内容的深刻理解上。只有在对主观条件和客观情况进行辩证分析，知己知彼，了如指掌的基础上产生的自信，才是真正的自信。否则，就是不切实际的盲目自信。盲目自信是一种非理性的预测和判断，它所产生的支持力是短暂的，经不起实践的检验。

◎ 自制：镇定自若不冷场

所谓自制，就是根据需要，对自我情绪和情感进行调节和控制。这种自控能力，既是演讲者重要的心理能力，也是演讲者意志力的表现。

演讲活动情况复杂，很多因素能引起演讲者的情绪波动和情感激动，或欢愉，或兴奋，或恐惧，或忧虑。演讲者的各种情绪波动和情感激动对演讲产生不同的影响，有的积极有益，有的消极有害。

一般来说，责任心、使命感、成功欲以及自信和欢愉是推动演讲顺利发展的积极因素；而忧虑、恐惧、自卑、颓唐等情绪则是阻碍演讲成功的消极因素。只有有较强的自制力，才能对这些有利和不利因素进行质的鉴别和量的控制。

演讲者要善于分辨掌握，该激发的充分激发，该排斥的努力排斥，该调节的适当调节，始终保持自己的情绪与演讲时空环境协调；不能无节制地听任感情的驱使，也不能任凭自我情绪的放纵；要主动地理智地根据实现演讲目的的需要，抑制消极情绪和冲动行为，正确地支配自己的语言和举止。只有这样，才能成功地驾驭演讲进程，在受挫折时，不致泄气和意志崩溃；在顺利时保持头脑清醒，不失常态。否则，就会阻碍演讲的顺利进行。

演讲者要有效地运用和发挥自制力的作用，必须坚定目标指向。目标专注，则凝神集思。当情绪过分激动时，立即以实现演讲目标的坚强信心激励自己，排除自我情绪中消极因素的干扰。演讲者要提高和强化自己的自制力，必须吃透演讲内容，掌握演讲规律。成竹在胸，就不会乱章失控，就能应对自如。演讲者要进行恰当的自我克服和调节，还必须保持头脑清醒。冷静能帮助人保持智慧，再生智慧。只有在沉稳冷静的情况下才能做出快速、准确的判断和分析。

自信心和自制力关系十分密切，它们同是演讲者应有的良好的心理品质。自信心强可以坚定演讲者的意志，而自制力的强弱正是由意志力的强弱所决定的。所以，演讲者应不断培养和提高自己的自信心和自制力。

◎ 目的：演讲以效果说话

演讲作为一种现实的社会性活动，其目的或目标可用一句话来概述，即争取最大限度的“共同性”。这里所说的“共同性”乃“取得共识、建立同感”之意思。可是各种不同的演讲还有自己的目的，有宏观的和微观的目的，还有现场的和散场后的目的。

演讲的宏观和微观目的

从总体上看，演讲的目的就是演讲者与听众取得共识，使听众改变态度，激起行动，推动人类社会向理想境界迈进。演讲无论是宣传自己的主张、观点，或是传播道德伦理情操，还是传授科学文化知识和技艺，都是为了让听众同意自己的主张、观点和立场以取得共识，并在此基础上激发听众的实际行动，向着理想境界迈进。这是演讲的公共目的和意义。

从演讲的微观目的来看，迄今为止，尚未有专职演讲家。当今的演讲者都有自己的正式职业或专业。例如林肯是总统，丘吉尔是首相。由于其职业、专业、经历等多种因素的差别，演讲的目的、内容也有所不同。从微观上看，每位演讲者的每一次演讲都有不同的具体目的。

现场目的和散场后目的

我们还可以从演讲者所追求的目的来看演讲的目的，一般有现场目的和散场后目的两种。

从现场目的来看，每个演讲者都希望演讲能成功。这一目的完全可从现场和直观效果反映出来，如听众的表情、情绪，或者捧腹大笑，或者义愤填膺，或者欢呼雀跃，或者泪水横流，或者高呼口号，或者掌声雷动，这就表明演讲者的实用目的符合了听众的实用目的，引起了共鸣。当然，现场的效果仅是表面的，关键是演讲者的实用目的、演讲的内容打动了听众的心灵。

当然任何演讲者不会只停留在现场的目的上，而是更追求散场后的目的，即听众的实际行动，这才是演讲者的最终目的。

拿破仑率部队在远征埃及时，在金字塔附近和敌人的主力遭遇，情况危急，拿破仑立在马队前高声演讲道："士兵们，今天四千年历史从这些金字塔的上面看着你们！"简短的演讲使远征疲惫的法军士气大振，终于大胜敌军。

他的演讲产生了现场的直观效果，鼓舞了士气，士兵英勇杀敌，取得了胜利，进而实现了散场后的目的。

总之，演讲现场的目的是散场后目的的前提和基础，散场后的目的又是现场目的的归宿。没有现场目的的实现，就不可能有散场后目的的实现；如果只追求散场后的目的，忽视追求现场目的，散场后的目的不过是一句空话。演讲也就失去了意义。演讲是一种复杂的社会实践，更是一种工具。人们拿起工具总是有目的的，没有目的的演讲是不存在的，只是目的的正确与否、高雅与否的不同而已。

另外，值得注意的是听众的目的。听众是无数个个体的集合。由于这些人年龄、性别、文化程度、兴趣、职业等不同，听演讲的目的也自然是各不相同的。

林肯解放黑奴的演讲，听众有拥护的，也有反对的，可见其目的是根本不同的。即使目的都一样的听众，对同一内容的演讲也往往各取所需，各有偏重。但从总体上说，演讲者的具体实用目的和听众个体实用目的是统一的。

总之，每位演讲者必须确立明确的演讲目的，做到宏观和微观的统一、表层与深层的统一、目前与长远的统一，这样的演讲才是有意义的、有价值的。

◎ 准备：胸有成竹来演讲

演讲前的充分准备对演讲的成败至关重要。

收集演讲材料

广泛收集演讲材料，去粗存精，是演讲的第一步。请注意以下四点：

（1）给演讲选个好题目。

（2）围绕主题广泛收集材料。

（3）审视收集来的材料，做到去粗存精，该丢的要丢掉，绝不可惜。

（4）要有必胜的信心，勇气十足，精神饱满。

写好演讲稿

写好讲稿才能做到有备无患，有的放矢。写稿时有以下几点要注意：

（1）编列提纲，包括题目、中心论点、分论点、事实材料、事理材料和参考材料、结构与过渡、开头和结尾。

（2）起草初稿，要一气呵成，要饱含真挚。

演讲者的衣着、言行、心理准备

穿着合理、合适、合身，言行优雅大方，信心百倍，保持精神饱满，这些会使您的演讲备受欢迎。请注意以下几个因素：

（1）衣着整洁大方、庄重朴素、轻便协调，色彩和谐，与演讲的内容相辅相成。

（2）举止端庄大方，不紧不慢，态度诚挚谦和，时刻用眼神和微笑与听众进行交流，礼仪上周到、自然。

（3）要有必胜的信心，勇气十足，精神饱满。

◎ 风格：台上一分钟，台下十年功

演讲也要有自己的演讲风格，这是演讲者成功的重要因素之一。一位成功的演讲者在演讲过程中，会展示出一种富有鲜明个性的表现形态，它完美地反映了演讲者所要表达的内容实质以及心理变化。演讲口才风格是演讲者思想水平、理论素养及口语表达艺术水平的综合体现。

完美的演讲风格不仅具有深刻的表达力、磁铁般的吸引力和透彻的说服力，而且具有巨大的鼓动性和号召力。演讲发展的历史证明，真正有价值的演讲都能给听众增添巨大的精神动力。数百年来，那些历史名人的演讲仍在不断地吸引人、征服人、鼓舞人，号召着亿万群众奋勇前进。

演讲风格需要演讲者的行动来形成。对于初学演讲的人，要想形成自己独特的演讲口才风格，必须下一番苦功夫，多学，勤练，久而久之，一定会形成具有个人特色的演讲口才风格。抓住一切机会，运用恰当的方法刻苦磨炼，是演讲口才家们取得成功的一条重要经验。磨炼的方法是多种多样的，主要如下：

讲

要想学会游泳，就必须下水。如果不下水，那么，游泳知识再丰富，游泳书看得再多，也仍然是个“旱鸭子”。锻炼演讲口才也是如此。只有利用一切机会多讲、多发言、多参加论辩，不怕别人笑话，这样，积以时日，自己的演讲口才就会有长进。终日缄口不语，永远也不会有进步。

读

培根有一句名言："读史使人明智，读诗使人灵秀，数学使人周密，物理使人深刻，伦理学使人庄重，逻辑与修辞使人善辩。"

多读书会使人头脑灵活，思维敏捷，视野开阔，语言丰富。因此，要锻炼演讲口才，读书是一个有效的方法。当然，读书也包括朗读和唱读。

诵

凡是动人的、充满勉力的演讲口才，都是既倾注演讲者炽热的情感，又有抑扬顿挫、高低快慢的语调。而诵则是锻炼语调的一种有效方法，它同时也能纠正口吃的毛病。诵是背的艺术化，经常诵读，对于提高演讲的口语表达水平，是很有帮助的。

背

赫尔岑说："书是和人类一起成长起来的，一切震撼智慧的学说，一切打动心灵的热情，都在书里结晶成形……"这就告诉我们，书中有充实演讲口才所需的智慧和学问，如论辩的实例、演讲的名篇、语言的艺术等。在读书的基础上，适当地背一些名篇、名段、名句，加深理解，对于训练自己的演讲口才，是大有益处的。

练

“冰冻三尺，非一日之寒”，演讲口才是经过长期磨炼才形成的。古罗马著名雄辩家和演讲家西塞罗说得好：“训练有文化素养的雄辩家的方法，不在于背诵演说的规则，而在于实地练习。”当然，练习要根据自己的思维能力、语言水平和心理特征来确定其重点，由易到难，循序渐进。口才训练主要应从语音、语量、语力、语调、语汇、语速、语脉、语境、语态九个方面，加以严格训练，扬己所长，补己所短，持之以恒。经过长期训练，肯定能练出好的演讲口才。

另外，还要注意在社会实践中磨炼演讲口才。丰富多彩的社会实践活动是磨炼演讲口才的最好课堂，世界著名的演讲口才大师都是在这个大课堂里锻炼其口才的。

只要下功夫，只要在实践中刻苦锻炼，人人都能拥有好口才，人人都能形成具有个人特色的演讲口才风格。

CHAPTER 2

闪亮登场：一亮相就征服全场

演讲是“演”和“讲”的艺术。演讲中的“演”是在“讲”的艺术基础上起作用的，是受“讲”制约的，同时又与“讲”珠联璧合，形成完美的演讲语言艺术。形象是一种无声的形体语言，是对演讲者有声语言的必要补充和烘托。演讲者的表情、服饰、姿态等外在因素，以及由这些因素综合体现出来的气质和风度，体现出演讲者的个人魅力，无形中影响着台下的听众。

◎ 风度：风度翩翩，折服听众

良好的仪表和风度，能产生很强的吸引力，牢牢地吸引听众的注意力。演讲者不仅应该是真理的宣传者，是知识的传播者，而且应该是美的体现者。在演讲现场，演讲者事实上是听众的审美对象，听众不仅通过演讲者生动活泼、含义深刻的演讲获得美感享受，而且也通过对演讲者的仪表、风度的欣赏，受到美的熏陶。

这些举止和姿态正是人的思想、品德、性格、气质等内在素质的外在反映。事实上，仪表与风度就是一种无声的体态语言，它在一定程度上反映了人的内心世界。演讲者一上台，听众首先就是通过视觉观察着演讲者的形象。尽管演讲者还未开口，听众已经根据演讲者的仪表和风度，产生了一连串的心理活动，形成"第一印象"，直接影响着听讲效果。

演讲者的仪表和风度，也能在一定程度上体现出民族特点和时代精神。这是因为一则仪表和风度在一定程度上反映的内心世界，而人的内心活动与精神面貌、时代特色紧密相关；二则人的服饰、发型以及举止总是带有一定的民族特色和时代印记。演讲者应该自觉地意识到这点，尽量使自己的仪表和举止符合民族特点，反映时代精神。

演讲者注意仪表的修饰，讲究风度，以美的姿态出现在听众面前，这种行为本身就显示出对听众的尊重。这种无声的信息传递，很自然地缩短了演讲者与听众的心理距离，可以赢得听众的关注和尊重，形成融洽和谐的气氛。如果演讲者蓬头乱发，衣着随便，皮鞋肮脏，举止粗鲁，以一副邋遢相出现在听众面前，势必造成隔膜，使听众反感。

◎ 服装：让听众肃然起敬

毋庸讳言，身材魁梧伟岸、容貌端庄英俊、五官匀称、体魄健康的演讲者容易令人肃然起敬。这些光彩照人的先天因素，能为演讲者带来极为有利的条件。然而，不是每个演讲者都具备这些条件的。容貌身体是先天固有的，一般难以改变。但即使身体或容貌欠佳，甚至有某些生理缺陷，仍然可以采取积极的弥补措施，以内在美去弥补外在的缺陷。即以美的心灵、高尚的道德情操，以及对真理的孜孜不倦的追求，去吸引听众，感染听众。

例如，美国前总统林肯，他的雄辩、幽默举世公认，然而他的外貌很丑。有次在森林里，他为一位骑马的陌生妇女让路，那妇女竟停下来目不转睛地盯着他的面孔，然后说：“我现在才知道你是我见到过的最丑的人了”，并建议他最好闭门不出。然而林肯并没有接受那位妇女的“忠告”，以豁达大度的胸怀和博大精深的知识弥补了相貌上的不足。他的每次演讲几乎都轰动全国。再如，高位截瘫的张海迪，必须坐着轮椅上讲台，但是时代精神赋予她特有的内在美，使听众深受震动，无不对她肃然起敬！

当然，对身材容貌方面的某些缺陷，可以采取一些积极的补救措施。例如，高跟皮鞋能稍微弥补身材矮小的缺陷。演讲者应根据自身的具体情况，创造条件，适当地进行个人美容。诸如脸部作自然淡雅的化妆，遮掩缺陷，以突出脸部最美的部分；根据自己的头形、肤色、体态、年龄、职业等因素，选择适当的发型，也能给人增添风采。当今，眼镜的装饰作用越来越明显，它可调节人的脸形，使人增添魅力，特别是男性，镜架的梗直而有棱角的造型，能衬托出男性刚强、坚毅的气质，演讲者戴上适合自己脸形的眼镜，也能有效地美化仪表。

俗话说：“人靠衣装马靠鞍。”服装对人体有“扬美”与“遮丑”的功能，它可以反映人的精神气质、文化素质和审美观念。演讲者的衣着应该整洁合身，庄重大方，色彩和谐，轻便协调。具体而言，“整洁合身”要求做到外表整齐、干净、美观，与自己的身材相协调。“庄重大方”要求做到风格高雅、稳健，与自己的性别、年龄、职业等协调，充分体现出自己的特点与神韵。“色彩和谐”要求做到服饰与特定的环境和内容相协调。不同颜色所表达的不同寓意和象征作用，已经在人们思维中形成了较为牢固的定式，深色给人以深沉、庄重之感；浅色使人感到轻爽舒适。演讲者的服装款式与色彩应力求与现场气氛相谐。“轻便协调”要求做到装束合适，感觉良好，行动方便，与季节相符，与广大听众的装束协调，不可过于华丽时髦，那样会分散听众注意力，引起非议，破坏演讲气氛。

有位女青年四次演讲，根据演讲主题不同，分别选择了不同服饰。她讲“社会主义好”，穿西装，显得庄重严肃；讲战斗英雄事迹，穿军服，表示稳重肃穆；在参加题为“青春、理想”的演讲比赛时，穿T恤衫，显得活泼爽朗；而参加小说分角色演讲，她却穿上白衬衫，并结上领带，显得潇洒而又大方。她的这种做法，很值得借鉴。

◎ 礼仪：彬彬有礼，优雅有派

礼仪是人类社会生活中逐渐形成，并为大家共同承认和遵守的表示友情的方式或仪式。它是历史发展的产物，具有一定程度的阶级性。不同时代，不同阶级，不同国度，表示礼节的方式和对礼节的具体要求都不一样。例如，以鞠躬代替跪拜，以握手取代作揖打拱，都体现了现代文明的特点。演讲者从步入会场、登台演讲，到演讲结束离开会场，都应该注意体态风度，讲究礼仪。

步入会场时，演讲者要态度谦和，步子稳健，潇洒自如，面带微笑。切忌左顾右盼或装腔作势，否则有轻佻和傲慢之嫌；也不宜忸怩畏缩，以免有失身份。

在就座之前，应与陪同者稍事相让，方可落座。但不宜过多推让，入座时声音要轻，要坐正坐稳，身体不宜后倾或斜躺，不宜前探后望，也不宜玩弄手指、衣角等。

当主持人介绍演讲者时，演讲者应自然起立，向听众鼓掌或点头表示感激之意，切不可稳坐不动或仅仅欠一下身子。

正式登台演讲时，先向主持人点头致谢，然后从容稳健走上讲台，郑重、恭敬、诚恳地向听众敬礼，并且目光环视全场，表示光顾和招呼，然后开始演讲。

演讲开始要注意选择恰当的称呼。得体而充满感情的称呼，能迅速沟通演讲者与听众的思想感情，激发听众情绪。演讲时要热情开朗，切不可摆出目中无人、冷若冰霜的面孔；要尽量以良好的姿态、稳重的举止来传神达意；要谦逊，有礼貌，当现场听众出现烦躁不安时，切不可随意讽刺训斥，而应体现出自身的涵养。

演讲结束时，应面带微笑，向听众致礼之后，从容下台，切不可过于匆忙，显出羞怯失意的神态，也不可摆出扬扬得意满不在乎的样子。如果能给人一种谦虚谨慎、彬彬有礼的印象，一定不会因缺乏风度和礼仪而影响演讲效果。

◎ 首语：“首先”向听众致意

所谓首语，就是通过头部活动传递信息，它包括点头、摇头、侧头、昂头、低头等。

这里说的首语，仅仅是指头部的整体活动传达的信息，而不包括头部的器官传递的信息。

点头可以表示这样一些意思：同意、致意、肯定、承认、赞同、感谢、应允、满意，也可以表示理解、顺从等情绪。

摇头表示这样一些意思：不满、怀疑、反对、否定、拒绝、不同意、不理解、无可奈何等。

歪头、侧头，也有多种含义，可表示思考，表示疑问。

昂头可以用来表示充满信心、胜利在握、目中无人、骄傲自满等。头一直向后仰，还表示陶醉。

低头表示的情绪有：顺从、听话、委屈，也可以表示另有想法等。

在首语的运用方面我们要注意以下一些原则：

动作要明显

尤其是首语发挥替代功能的时候要注意动作明显比如到底是点头还是摇头，要让对方看清楚，正确领会。

要注意配合其他交际语言的使用

比如点头时配合“嗯”，就不至于产生误会。也可以配合其他体态语言使用。有很多成语就体现了这一特点，如“点头哈腰”“昂首阔步”等。

要注意和声音语言的自然配合

使用首语要注意与声音语言的自然配合，而且还要做到动作明显，以便对方正确理解以免误会。

首语的使用频率不能过高

虽然在聆听对方说话时，适当的点头或者侧头会让说话的人觉得你在用心听，但是过高的使用频率却影响了说话者的注意力或感觉到有点肤浅。

◎ 表情：向听众真情表白

表情是一个人内心世界的外在表现，它也是反映演讲者心理状况的晴雨表。用面部表情来调节气氛，用首语帮助自己表达思想。明白常用表情的含义，把它们正确的运用到自己的演讲中，能起到很好的表达效果。

面部表情的运用

面部表情与眼神是密切相关的。其实，眼睛的传神常常是与面部其他部分的活动相配合进行的。眼神离开了面部其他部分的活动，其表情达意作用就必然受到影响。面部表情非常丰富，许多细微复杂的情感，都能通过面部种种表现来表达，并且能对口语表达起解释和强化作用。演讲者要善于观察面部表情的各种细微差别，并且要善于灵活地驾驭自己的面部表情，使面部表情能更好地辅助和强化口语表达。

运用面部表情，要求自然真实，喜怒哀乐都要随着演讲内容和思想感情的发展需要而自然流露，切不可“逢场作戏”，过分夸张，矫揉造作，那样会令人感到虚伪滑稽，也不可毫无表情，冷若冰霜，使人感到枯燥压抑。演讲者的面部表情与口语表达要协调一致，要能准确鲜明地反映自己内在的思想感情。面部表情和有声语言的表情达意应同步进行。为了有效传递信息，交流感情，要尽量避免傲慢的表情、讥讽的表情、油滑的表情和沮丧的表情。这些表情都会在听众中产生不良影响，形成离心效应。

运用面部表情调节气氛

不要让演讲带来的紧张压力把你的脸变成一张面无表情的

扑克脸。你自然的面部表情可以为有效沟通提供又一种渠道。通常来说，面部表情的变化先于和预报了气氛或心情的转换。相较于那句已经被用滥的老生常谈“但更为严重的是……”用一副忧心忡忡的皱眉蹙额样取代原本欢欣愉快的面容是一种更为高明的过渡。

你不需要事先对着镜子练习鬼脸、微笑和怪相——你所需要做的只是在正常表情的基础上略作夸张而已。近距离接触中能发生作用的微妙脸部变化，后排听众是察觉不到的。

常见的脸部表情

美国著名教育家卡耐基在说到罗斯福演讲时，说他全身好像一架表现感情的机器，满脸都是动人的感情，这样使他的演讲更有力、更勇敢、更活跃。当代著名演讲家、演讲理论家邵守义演讲时脸部表情丰富多彩，这后面表现着复杂的思想情韵。

在演讲中微笑与平和是脸部表情的核心。

脸部表情运用时要适时、适事、适情、适度，切忌呆滞麻木、情不由衷、晦涩不明与矫揉造作。

◎ 眼神：吸引听众的眼球

眼神的表达丰富多彩。诗人公木说过：“眼睛是心灵的窗户，不会隐藏更不会说谎。”得体地运用目光语会令你的演讲增光添彩。

眼神与语言之间有一种同步效应。人们的思想感情常常通过眼神自然流露出来。眼神配合口语，能表达出丰富多彩的思想感情。这是因为人的眼睛有上百条神经连接大脑，它们是大脑获得信息的重要渠道，同时又受到大脑中枢神经的控制。所以，眼睛能自如地传递心灵的信息，反映人的喜怒哀乐之情。演讲者在运用口语传递信息的同时，也自然要通过自己的眼神，把内心的激情、学识、品德、情操、审美情趣等传递给听众。

不同的眼神，给人以不同的印象。眼神坚定明澈，使人感到坦荡、善良、天真；眼神阴暗狡黠，给人以虚伪、狭隘、刁奸之感；眼神左顾右盼，显得心慌意乱，翘首仰视，露出凝思高傲；低头俯视，则露出胆怯、害羞。眼神会透露人的内心真意和隐秘。演讲者的眼神变化要与演讲内容的发展和自己情绪的变化相协调，要注意眼神运用的多样性，准确地表情达意，给人以胸怀坦荡的感觉。

眼神不仅可辅助口头语言表达思想感情，而且有时还能直接代替语言。例如，在演讲过程中，现场出现局部骚乱等情况，演讲者可以不开口，而采取盯视法，投出一道目光，使听众领会其意，注意听讲。这样，眼神便代替了语言呼唤，起到了控场作用。眼睛在演讲过程中，既能输出信息，又能接受信息。演讲者在运用目光传递信息的同时，也通过目光察音观色，接受听众的信息反馈，使眼睛发挥组织演讲和收集演讲效果的作用。正因为如此，演讲者既要保持视线的目标在正前方，炯炯有神地面对听众，又要不断地兼顾全场，了解听众的反应。也就是要把目光注视前方与多方位观察巧妙地结合起来，全方位地观察听众。

要做到全方位地观察听众，演讲者要自如地学会运用眼神的三种技法。

虚视法

虚视法，即目光似盯未盯地望着观众。运用这种方法可显示出演讲者端庄大方的神态，可引导听众进入描述的意境之中，还可烘托气氛。但应注意使用不可频繁，以免给人以傲慢的感觉。

点视法

点视法，即有目的有针对性地重点注视某一局部听众。运用这种方法可对专心致志的热心听众表示赞许和感谢；对有疑问和感到困难的听众进行引导和启发；对想询问的听众给予支持鼓励；对影响现场秩序的听众进行制止，使其收敛，达到控场的目的。运用这种方法针对性较强，目光含义要明确，同时要适可而止，避免与听众目光长时间直接接触，以免被注视的听众局促不安和其他听众受冷落。

环视法

环视法，即目光有节奏或周期性地环视全场。其目的主要在于掌握整个演讲现场动态，照顾全场，统帅全局。运用这种方法，可使全场听众产生亲近感。但必须注意，一定要照顾全局，不可忽视任何角落的听众；同时，头部摆动幅度不宜过大，眼珠不可肆意乱转。

总之，无论使用哪种眼神，都是为了表达一定的思想内容和感情，绝不可漫无目的地故弄玄虚。眼神的运用要和有声语言和其他体态动作密切结合，协调一致。同时，在运用眼神时，应当表现出信心和活力，显出风度。

◎ 微笑：难以抵抗的魅力

微笑在所有文化中都有着同样的含义。绝大多数公众演讲者没有充分利用或用错了这一强大的工具。在任何可以加强你的说服力时，都要真诚地微笑。它是建立和谐亲善关系、展示你的良好意愿以及使得你和你的听众轻松自在的最容易的方式之一。

微笑是一种良性的脸部表情，反映出一个人的内心世界，是自信的标志、礼貌的象征、涵养的外化、情感的体现。微笑在演讲中可以象征性格开朗与温和，可以建立融洽气氛，消除听众抵触情绪，可激发感情，缓解矛盾。曾在世界上规模最大的美国哈佛大学担任校长三十年之久的叶洛博士说：“微笑是人际交往成功的催化剂。”

下列场合可运用微笑技法：

（1）表达赞美、歌颂等感情色彩时应微笑。此时要博得别人笑，自己首先要笑。

（2）上台与下台时应微笑。这样可拉近与听众的距离，把良好的形象留在听众心中。

（3）面对听众提问时送上一缕微笑是无声的赞美与鼓励。

（4）肯定或否定听众的一些言行时，可以配合着点头或摇头，脸挂微笑。

（5）面对喧闹的听众，演讲者可略停顿，同时脸挂微笑是一种含蓄的批评与指责。

（6）表达一些与微笑不相悖的情感时可微笑。法国作家阿诺·葛拉索说：“笑是没有副作用的镇定剂！”

但是要提醒演讲者注意的是，演讲中不能从头到尾一味微笑，否则让人觉得你戴了一个假面具上台演讲，没有感情。尤其是不该笑的感情表达时更不能笑。例如下段演讲：

“不是有人在坐车不畅时埋怨他们‘乱哄哄，路不通，车不动’吗？不是有些漂亮的姑娘品评他们是‘多一个脑袋的电线杆’吗？不是有人谩骂他们秉公处罚是自己给自己发奖金吗？更不是有人丧尽天良将车轮辗向我们这些可敬可爱的马路卫士吗？”

下列情况请注意：

（1）表达悲痛、思考、痛苦、愤怒、失望、讨厌、懊悔、批评、争论等负面情绪时不能微笑。

（2）你完全放开，不觉紧张，没有必要运用微笑来控制情绪，松弛紧张时可不要微笑。

（3）演讲中的笑要随内容感情变化而变化：有兴奋喜悦的笑，有冷嘲热讽的笑。演讲中既要注意用自己的“笑容”去表达内容，感染听众，也要保证笑的价值，该笑则笑，不笑则止。

在所有的交际语言中，微笑是最有感染力的，微笑是放之四海而皆准的“人际交往的高招”。微笑能缩短人们之间的距离，能让听众更好地接受你和你的演讲。要想使自己的演讲感染听众，就要用心领会微笑的运用之道。

◎ 手势：指点会场，激扬文字

手势语是一种表现力很强的体态语言，它通过手和手指的活动变化使所要表达的思想和情感内容更加丰富，更具吸引力和说服力，为此，有人称："手势是口语表达的第二语言。"手势在演讲中发挥的作用更不可忽视，演讲中使用手势要遵循一定的原则。

演讲中，自然而安稳的手势 可以帮助演讲者平静地说明问题；急剧而有力的手势，可以帮助演讲者升华感情；稳妥而含蓄的手势，可以帮助演讲者表明心迹。下面看看演讲的手势分类：

习惯手势

任何一位演讲者，都有一些只有他自己才有而别人没有的习惯性手势，手势的含义不明确、不固定，随着演讲内容的不同而体现不同的含义。列宁演讲喜欢挥动右手用力一斩，孙中山先生演讲时常常拄着手杖，形成了他演讲的独特形象。

演讲手势贵在自然，切忌做作；贵在协调，切忌脱节；贵在精简，切忌泛滥；贵在变化，切忌死板；贵在通盘考虑，切忌前紧后松或前松后紧。

指示手势

指示手势是用来指示具体真实形象的，分为实指和虚指两大类。实指是演讲者的手势确指，它所指的人或事或方向均是在场的人视线所及的。比如"我""你""我们""你们""咱们""上面""地下""这些""这一个"等。其中，以"我"为中心的动作居多。虚指是指演讲者和听众不能看到的。比如，讲到“很久很久以前”“在那遥远的地方”常用虚指可伴有“他的”“那时”“后面”等词出现。指示手势比较明了，不带感情色彩，比较容易做。

抒情手势

林肯在做律师时的老朋友赫恩登说，他对听众恳切地演讲时，那瘦长的右手指自然地充满着动人的力量，一切思想情绪完全贯注在那里。为了表现欢乐的情绪，他把两手臂举成五十度的角，手掌向上，好像已抓住了他渴望的喜悦。在讲到痛心处，如痛斥奴隶制时，他更紧握双拳，在空中用力挥动。

一种抽象感情很强的手势，演讲中运用频率最高。比如，兴奋时拍手称快，恼怒时挥舞拳头，急躁时双手相搓，果断时猛力砍下。

模拟手势

模拟手势的特点是“求神似，不求形似”，因此有一定的夸张色彩。在一次演讲比赛中，一个演讲者讲到自己由于身患重病没钱医治，一个个素不相识的朋友给他寄来汇单、物品，在讲到一个年仅五岁的小女孩那天到医院给他送来一个大梨子时，他热泪盈眶，双手合抱，虚拟出一个大球形，好像这梨子就是代表了人们的真情实意。这手势信息含量很大，升华了感情。

◎ 演讲常用手势三十式

演讲的手势语“词汇”丰富，千变万化，没有一个固定的模式，作为一个出色的演讲者，平时要认真观察生活，刻苦训练，积极付诸实践。下面介绍演讲中常用的手势三十式。

拇指式。竖起大拇指，其余四指自然弯曲，表示强大、肯定、赞美、第一等意。

小指式。竖起小指，其余四指弯曲合拢，表示精细、微不足道或蔑视对方。这一手势演讲中用得不多。

食指式。食指伸出，其余四指弯曲并拢，这一手势在演讲中被大量采用，用来指称人物、事物、方向，或者表示观点甚至表示肯定。胳膊向上伸直，食指向空中则表示强调，也可以表示数字“一”“十”“百”“千”“万”……演讲中右手比左手使用频率大。手指不要太直，因为面对听众手指太直，针对性太强。

食指弯曲或钩形。表示九、九十、九百……齐肩画线表示直线，在空中画弧线表示弧形。

食指、中指并用式。食指、中指伸直分开，其余三指弯曲，这一手势在一些欧美国家与非洲国家表示胜利的含义，由英国前首相丘吉尔在演讲中使用而大为推广。我们在演讲中运用时一般表示二、二十、二百……

中指、无名指、小指三指并用式。表示三、三十、三百……

食指、中指、无名指、小指四指并用式。表示四、四十、四百……

五指并用式。如果是五指并伸且分开，表示五、五十、五百……如果指尖向上并拢，掌心向外推出，表示“向前”“希望”等含义，显示出坚定与力量，又叫手推式。

拇指、小指并用式。拇指与小指同时伸出，其余三指并拢弯曲，表示六、六十、六百……

拇指、食指并用式。拇指、食指分开伸出，其余三指弯曲表示八、八十、八百……如果并拢表示肯定、赞赏之意；如果二者弯曲靠拢但未接触，则表示“微小”“精细”之意。

拇指、食指、中指并用式。三指相捏向前表示“这”“这些”，用力一点表示强调，也表示数字七、七十、七百……

O型手式。又叫圆形手势，曾风行欧美。表示“好”“行”的意思，也表示“零”。

仰手式。掌心向上，拇指自然张开，其余弯曲，这一手势包容量很大。区域不同其意义有别：手部抬高表示“赞美”“欢欣”“希望”之意；平放是“乞求”“请施舍”之意；手部放低表示“无可奈何”“很坦诚”之意。

俯手式。掌心向下，其余状态同仰手式。这是审慎的提醒手势，演讲者有必要抑制听众的情绪，进而达到控场的目的，同时表示反对、否定之意；有时表示安慰、许可之意；有时又用以指示方向。

手切式。手剪式的一种变式。五指并拢，手掌挺直，像一把斧子用力劈下，表示果断、坚决、排除之意。

手啄式。五指并拢呈簸箕形，指尖向前。这种手势表示“提醒注意”之意，有很强的针对性、指向性，并带有一定的挑衅性。

手包式。五指相夹相触，指尖向上，就像一个收紧了开口的钱包，用于强调主题和重点，也表示探讨之意。

手剪式。五指并拢，手掌挺直，掌心向下，左右两手同时运用，随着有声语言左右分开，表示强烈拒绝。

手抓式。五指稍弯、分开，丌口向上。这种手势主要用来吸引听众，控制大厅气氛。

手压式。手臂自然伸直，掌心向下，手掌一下一下向下压去。当听众情绪激动时，可用这种手势平息。

抚身式。五指自然并拢，抚摸自己身体的某一部分。这种手势往往成为一些演讲者的习惯手势放在胸前。双手抚胸表示深思、谦逊、反躬自问，以手抚头表示懊恼、回忆等。

挥手式。手举过头挥动。表示兴奋、致意；双手同时挥动表示热情致意。

掌分式。双手自然撑掌，用力分开。掌心向上表示“开展”“行动起来”等意，掌心向下表示“排除”“取缔”等；平行伸开还表示“面积”“平面”之意。

拳举式。单手或双手握拳，平举胸前，表示示威、报复；高举过肩或挥动或直锤或斜击，表示愤怒、呐喊等。这种手势有较大的排他性，演讲中不宜过多使用。

拍肩式。用手拍肩击膀，表示担负工作、责任和使命的意思。

拳击式。双手握拳在胸前做撞击动作，表示事物间的矛盾冲突。

拍头式。用手掌拍头，表示猛醒、省悟、恍然大悟等。

捶胸式。用拳捶胸，辅之以跺脚、顿足，表示愤恨、哀戚、伤悲。演讲中不多用。

搓手式。双手摩擦，意味做好准备，期待取胜；如果速度慢表示怀疑；在冬天则表示取暖；拇指与食指或其他指尖摩擦，通常暗示对金钱的希望。

颤手式。单手或双手颤动，必须与其他手势配合才表示一个明确的含义。

◎ 体姿：展示你的精神风姿

体姿对一个演讲者整体形象的塑造有着很重要的作用。人的体姿与人的相貌有着同等的重要性，共同显示出一个人的气质和风度。如果“站无站相”“坐无坐相”“走无走相”，即使相貌再漂亮也会大打折扣。

只有把你最美好的姿态拿出来，把最能代表你精神的风姿拿出来，让人看上去舒适、坦荡、自然、潇洒、英姿飒爽，才能使你的身姿为你的讲演起到借助的效果。另外，演讲中还要灵活的调整姿态，保持放松而且警觉的姿态也需要一定的技巧。

步姿

步姿语或者说是走姿语，就是通过行走的步态传递信息的语言。与坐姿语和站姿语不同，步姿语是动态的，所以要放到动态中来研究。

下面我们着重介绍步姿的类型。

（1）稳健自得型。行走时，步履稳健，昂首挺胸，仰视阔步，步伐较缓，步幅较大。这种步姿的含义就是“愉快、自得、有骄傲感”。

（2）自如轻松型。行走时心情轻松，步子的幅度适中，步速不紧不慢，上身直立，两眼平视，两手摆动自然。这种步姿的含义就是“自如轻松，比较平静”。

（3）庄重礼仪型。行走时，上身挺直，步伐矫健，双膝弯曲度小，步姿幅度和速度都适中，步伐和手的摆动有强烈的节奏感，眼睛正视前方。这种步姿的含义就是“庄重、热情、有礼”。

坐姿

坐姿语就是通过各种坐的姿势来传递信息的语言。

坐姿包括就座和坐定的姿势。入座时要轻而缓，走到座位前转身，轻稳地坐下，不应发出嘈杂的声音。坐下后，上身保持挺直，头部端正，目光平视前方或交谈对象。腰背稍靠椅背，在正式场合，或有尊者在座，不能坐满座位，两手掌心向下，叠放在两腿之上，两腿自然弯曲，小腿与地面基本垂直，两脚平落地面，两膝间的距离，男子以松开一拳或两拳为宜，女子则以不松开为好。非正式场合，允许坐定后双腿叠放或斜放，交叉叠放时，力求做到膝部以上并拢。

无论哪一种坐姿，都要自然放松，面带微笑。在社交场合，不可仰头靠在座位背上或低着头注视地面；身体不可前俯后仰，或歪向一侧；双手不应有多余的动作；双腿不宜分开过大，也不要把小腿搁在大腿上，更不要把两腿直伸开去，或反复不断抖动。这些都是缺乏教养和傲慢的表现。

站姿

站姿语就是通过站立的姿态传递信息的语言。从一个人的站姿可以看出一个人的状态，有很多人站立时喜欢用一只腿做支撑，有的人喜欢倚靠在什么东西上，这些都不是可以在正式场合运用的站姿，让人感觉松懈、不礼貌，我们一定要注意挺身直立，脊背挺直，目光平视，表现出愉悦、自信的感觉。

站立是人们生活、工作及交往中最基本的举止之一。正确的站姿是站得端正、稳重、自然、亲切。上身正直，头正目平，面带微笑，微收下颌，肩平胸挺，直腰收腹，两臂自然下垂，两腿相靠直立，两腿靠拢，脚尖呈“V”字形。女性两脚可并拢，肌肉略有收缩感。如果站立过久，可以将左脚或右脚交替后撤一步，但上身仍需挺直，伸出的脚不可伸得太远，双腿不可叉开过大，变换也不能过于频繁。站立时，如有全身不够端正、双脚叉开过大、双脚随意乱动、无精打采、自由傲慢的姿势，都会被看作不雅或失礼。

站姿是演讲时的最佳姿势。总体来说，要求演讲者挺胸、收腹、精神饱满，演讲者只有采用自己认为最好的姿势才能更好地表达自己。

CHAPTER 3

完美表达：字字句句感染人心

演讲时的口语表达技巧包括语言的运用、语音的控制、语调的变化和节奏的安排等。在演讲时关注演讲表达的技巧，正确使用演讲表达的技巧是演讲者必须要做的一个重要的工作。演讲的语言从口语表述角度看，必须做到发音准确、清晰、优美，词句流利、准确、易懂，语调贴切、自然、动情。

◎ 语言：通俗易懂，明白晓畅

清晰的语言，是保证信息传输的根本条件，也是演讲语言的首要特征。概念要准确，表意要清晰，才能真实反映出现实面貌和思想实际，才能为听众所接受，达到宣传、教育、规劝、影响听众的目的。

我国民主革命的伟大先驱孙中山先生，在坎坷而漫长的革命生涯中，演讲始终是他宣传民主的有力武器。他以演讲阐明观点，宣传真理，激励斗志。

1905年，他在《民报》发刊词中首次公开提出“民族、民权、民生”三大主义的革命号召，建立起了中国资产阶级民主革命的理论基础。

三民主义学说提出一周年后，在《民报》创刊一周年庆祝大会上，孙中山又发表《三民主义》演讲。他在演讲中，满怀爱国主义情感，以富有哲理的论述，质朴通俗的语言，进一步系统阐明了三民主义。

对于民族主义，他以一个人与父母的关系作比：“譬如一个人，见着父母总是认得，绝不会把他当作路人，也绝不会把路人当作父母；民族主义也是这样，这是从种性发出来，人人都是一样的。满洲人入关到如今已有260多年，我们汉人就是小孩子，见着满人也是认得，总不会把满人当作汉人。这就是民族主义的根本……”伟大的三民主义经他这么一讲，人人都能听得明白。

演讲稿的语言要力求做到通俗易懂。首先，要用通俗的说法，尊重多数人的语言习惯。其次，要规范化。演讲稿中的语言讲出来要让别人听得懂，这是对演讲语言的基本要求，否则演讲就失去了听众，失去了意义和存在的价值。语言不准确，意思表达得不清楚，话说得不明白，往往造成听众理解上的困难。所谓规范化的语言就是统一的、普及的，“无论在它的书面形式或口头形式上，都具有明确的规范的民族共同语言”，对一些外来词语要少用、慎用。特别是考虑到领导者的特殊身份，在语言上更要严格把关，通俗易懂。

我国著名作家老舍先生作为一代语言大师，其语言通俗晓畅，独步于现代文坛。他曾多次向青年作者这样介绍：“我写作中有一个窍门，一个东西写完了，一定要再念再念再念，念给别人听，听不听在他。看念得顺不顺？准确不？别扭不？逻辑性强不……看句子是否有不够妥当之处……语言的创造，是用普通的文字巧妙地安排起来的，不要硬造字句，如‘他们在思谋……’‘思谋’不常用；不如用‘思索’倒好些，既现成也易懂，宁可写得老实些，也别生造。”

这个窍门应当在所有演讲者中间推而广之，付诸实践。

◎ 口语：贴近大众，琅琅上口

1860年，阿伯拉罕·林肯竞选总统时发表了下面一段风趣的演讲词：“有人打电话问我有多少银子，我告诉他们我是一个穷棒子，我有妻子和儿子，他们才是我的无价银子。我租了一间房子，房子里有一张桌子和三把椅子，墙角有一个柜子，柜子里的书值得我读一辈子。我的脸又瘦又长且长满胡子，我不会发福而挺着肚子，我没有什么可以荫庇的伞，唯一可以依靠的是你们。”

这段演讲类似于一首百字歌，通俗浅显，生动易懂，使林肯赢得了胜利。1861年至1865年的美国南北战争期间，伦敦的《星期六评论报》告诉读者：“美国人民有一个十分优越的条件，就是他们现在的总统不仅是一位可敬的国家元首，还是全国第一位爱开玩笑的人。”

演讲中要多用贴近人们现实的轻松自然、通俗流畅的口语。如多选用儿化名词、象声词、叠音词、语气词、民谚、歇后语等。但有很多演讲者很难做到这一点，他们的演讲似乎每一句话都是经过精心雕琢似的。请看下例：

“探索，贯穿于人类前进的每一步，自从地球上诞生了人类以后，探索就成为了人类的主旋律，探索就成了人类忠实的伴侣。它伴随着人类发现一束又一束真理的光芒，伴随着人类一步又一步从愚昧的沼泽走向文明的净土，伴随着人类步履艰难地从黑暗的蒙昧时代步入光明的理性时代……”

这段演讲中长句多，最长达27个字，深奥的词语多。表现“愚昧的沼泽”“文明的净土”这样的文字时，很难讲得出口的，只能是“念”或“诵”，因此缺少感情。

演讲表达的口语化要注意：少用文言词，多用现代词汇；少用方言词，多用通用词汇；少用书面语，多用口语词汇；少用抽象语，多用形象词汇；少用学术语，多用普通词汇；少用连接词，多用动态词汇；少用成语，多用俗语。

◎ 发音：清脆优美，悦耳爽心

郭沫若说：“语言除了意义外，应该要追求它的色彩、声调、感触。同义的语言或字面有明暗、硬软、响亮与沉郁的区别。”

以声音为主要物质手段的演讲，对语音的要求就更高，既要能准确地表达出丰富多彩的思想感情，又要悦耳爽心，清亮优美。为此，演讲者必须认真对语音进行研究，努力使自己的声音达到最佳状态。

一般来讲，最佳语言应该是：

准确清晰，即吐字正确清楚，语气得当，节奏自然；

清亮圆润，即声音洪亮清越，铿锵有力，悦耳动听；

富于变化，即区分轻重缓急，随感情变化而变化；

有传达力和浸彻力，即声音有一定的响度和力度，使在场听众都能听真切，听明白。

演讲语言常见的毛病有声音痉挛颤抖，飘忽不定；大声喊叫，音量过高；音节含糊，夹杂明显的气息声；声音忽高忽低，音响失度；朗诵腔调，生硬呆板等。所有这些，都会影响听众对演讲内容的理解。因为讲话是线性的，不间断进行的。话一出口，当即就应被人听懂，时间差不允许听众有反复斟酌思考的余地。听众只要稍微停顿，间断思维的序列就会跟不上演讲的速度。

◎ 吐字：清晰准确，字字珠玑

即使人们没有这些常见的发声问题，也很少把每个词的每个音节清晰地发出来。一句话“吃吗？”可能只有站在旁边的朋友才会明白它的意思是“吃饭了吗？”因为他知道这句话的语境。在公开演讲时，因为听众距离发言人较远，或者有噪声，所以可能有很多内容听不清楚。所以演讲者一定要养成吐字清楚、干脆利落的习惯。发音时舌、齿、唇动作要协调。一定不要省略后鼻音，不要嘟囔，拖词。

只要你能在练习时注意保持正常谈话的口吻，同时吐字又清晰，你的发言就可以兼顾清晰和流畅。有些人希望自己在讲话过程中显得庄重而温文尔雅，就故意咬字很重，让人感到做作生硬，结果事与愿违。而另外一些人，他们讲话时并不故作渊博，但是一脸苦相，鼻音浓重，一副屈尊就驾、百无聊赖的样子，看上去有点傻。在应该说“大家”的地方不要说“您们”，避免错误的庄重表达。在应该使用缩略语的地方不要使用全称（但是也不要过于简略），标准的用法中指定有些音节要省略。不要反其道而行之。“热—烈—祝—贺”是“热烈祝贺”的准确发音，但是大部分演讲者都把它说成“热—烈——祝贺”。

◎ 语调：抑扬顿挫，多彩多姿

演讲，特别是以鼓动为目的的演讲，除了要求内容丰富新颖、思想深邃外，还要能以情感人。而口语传情的主要手段就是驾驭自己的语调，使之富于变化。

语调的变化，主要反映在“四要素”上，即：速度、重音、升降、停顿。

速度

速度是演讲成败的重要因素。从内容上说，抒情的地方应该讲得慢一些，不然，演讲者细微的心理变化，意在言外的境界，就难以给人留下清晰、深刻的印象。人物对话、情调低沉的叙述，也应该讲慢一些。反之，急切的呼语、热烈的争辩、愤怒的指责、慷慨的陈述、紧张的场面又应该讲得快一些。这样才能反映出事物的本来面貌，创造出应有的气氛，并能和听众的感情得到交流。

重音

重音就是根据表情达意的需要，有意把某个词语加大音量，讲得重些。

升降

语调的升降就是人们讲话时声音的高低抑扬。人们讲话时所要表示的喜怒哀乐、惊愁悲急都可以通过声音的升降抑扬变化体现出来。

停顿

停顿就是句子当中、句子之间、句群之间、段落之间的间歇、停顿，一般可以分为语法停顿和心理停顿。

语法停顿是与语法结构相联系的。标点符号表示语法关系，同时也表示语音停顿。凡是有标点符号的地方，都应有适当的停顿。停顿的时间长短要和标点符号所表示的语法结构的层次相适应，大致是：句号>分号>冒号>逗号>顿号。顿号表示句中并列的词或词组之间的停顿，停顿的时间极短。

心理停顿是由心理情绪决定的。在表达激动的感情时，可以延长或缩短语法停顿的时间。

◎ 节奏：跌宕起伏，快慢适中

跌宕起伏的节奏，清晰响亮的语音，是成功演讲必须具备的特点。演讲的节奏能激起千百万听众情感的波澜。演讲者的思想感情起伏变化，演讲内容结构的疏密有致，语调的轻重缓急以及演讲者的举止等要素，有秩序、有规律、有节拍的组合，便形成了演讲的节奏。

初次上场的演讲者容易犯的错误是速度太快，像放鞭炮似的噼里啪啦，一个调子，一个速度。他们提醒自己“慢慢慢”后，又趋于慢得平坦，慢得没变化。

这里是提醒初次上场的演讲者，演讲的进行要灵活控制，有快有慢。

就听众对象来说：一些年轻的听众，精力充沛，反应灵敏，他们的思维和举止很敏捷，可快一点；对小朋友、老人家演讲，因为他们接受迟缓，反应不快，可把音节的时值拉长，语流中间停顿可久点，停顿的次数可多些。

就内容感情来说：讲述一些热情、紧急、赞美、愤怒、兴奋之类的内容时，不能以“毋庸赘言”代替。叙述那种无法控制的感情，即表示激动的态度时，叙述进入精彩高潮时可以速度快点。

在表现一些平静、悲伤、庄重、思考、劝慰之类的内容时；讲述一些需要听众特别注意之事时；讲述有关数字、人名、地名时；引起疑问之事时都要慢点。

就环境而言：演讲场合大的，速度可慢点；场合小的可快点；听众情绪受到干扰时慢点，情绪旺盛时快点。

总之，演讲要快慢适中。长时间的快会“供过于求”，引起烦躁，听众不易全面了解内容，理解感情；太慢则“供不应求”，听众注意力无法集中，情绪提不起来。在感情、情绪气氛、内容需要的前提下，演讲者进行有急有缓、有断有连、有起有伏、有张有弛的语言节奏的变化，就一定会挥洒自如地弹奏出一曲雄浑悦耳的乐章——“曲终收拨当心画，四弦一声如裂帛”。

CHAPTER 4

润色修辞：为演讲推波助澜

修辞手法是演讲中需要运用的一项重要语言技巧。演讲中灵活地穿插运用比喻、比拟、排比、象征、夸张、反复、借代等修辞手法，可以营造语言气势，充分表达情感，让语气更加强烈，让演讲更生动活泼，从而引起听众的注意，大大增强演讲的感染力。

◎ 比喻：生动形象，加深印象

比喻，就是打比方，即以彼物比此物。具体说，当人们在语言交际中要表达某一事物或道理时，运用联想或想象，引进另一种事物或道理，以便把要表达的事物或道理反映得更具体、更贴切、更生动、更富有感染力，使听者爱听，听得明白，从而留下深刻印象。

演讲中运用比喻，能起到很好的作用。

《我的理想之路》这篇演讲，热情地歌颂了人民教师。结尾处用了一连串的比喻：

作为未来教师的我，没有太高的奢望——只求用知识的雨露去浇灌幼苗。像红烛，将全部心血化为光焰，去照亮青少年一代那美好的心灵；像春蚕，为谋求人类的幸福，吐尽最后一口丝。

这里把传授知识比喻为用“雨露去浇灌幼苗”，把“教师”此喻为“红烛”“春蚕”，比喻贴切，赞美了人民教师的伟大奉献精神，表达了对人民教师的无比崇敬的情怀。

在《我的思考与奋起》这篇演讲中，演讲者将曾经缠绕自己的苦闷比喻为“就像一个圆点，四处延伸着的是大小不等的问号……”当苦闷解脱时，他“顿时觉得眼前的问号渐渐地被拉直了，变成有力的惊叹号。我第一次感到我对马克思主义是那么无知，可真有点‘相识恨晚’之感”。这样一前一后的比喻，形成了一种动态过程，前者是后者的前提和铺垫，后者为前者的引申和扩展，两者配合，生动地展示出思想转变的过程。

在演讲中运用比喻要贴切得体。要根据对不同本体的爱憎感情，恰当选择具有不同褒贬色彩的喻体，决不能用假恶丑的事物来比喻真善美的事物，当然，也不能用真善美的事物去比喻假恶丑的事物。比喻是否有生命力，不在于量而在于质，在于推陈出新。比喻要新鲜、奇特，切忌陈词滥调。英国作家王尔德说得好：“第一个用花比美人的人是天才，第二个再用的是庸才，第三个就是蠢材了。”只有那些新颖绝妙的比喻，才能给人深刻的印象。

演讲中运用比喻说理不仅简洁明了，而且形象生动，易于感染和打动听众。喻体非常广泛，俯拾皆是。只要与你说明的道理有内在性质的共同点，就可以信手拈来，达到目的。

◎ 比拟：寄情于物，渲染气氛

比拟是拟人和拟物的合称。把物当作人来描写，赋予人的行为和思想感情等，叫作拟人。把人当作物来写，或把甲物当作乙物来描写，叫拟物。比拟富有形象性、生动性。在演讲中，恰当地运用比拟手法，能寄情于物，托物言志，引起听众的共鸣和深思；能表达强烈的爱憎感情，增强语言的感染力和战斗力；能渲染气氛，起烘托作用。

比拟能使人产生联想，以获得话语的形象感和生动感。毛泽东同志曾多次告诫全党同志不要因为革命胜利而骄傲自大起来，他曾用“牛皮不要吹得太大，尾巴不要翘起来”作比拟。尾巴本来只有动物才有，这里却用来比拟人的自大情绪，既形象生动，又引人联想。

《大学生演讲选评》一书中选有优秀演讲词《信念的力量》，其中有这样一段：

翻开中国的历史看看吧，中华民族经历了多少深重的灾难……长江在哭泣，黄河在哀号。广大的中国土地上，多少人流离失所，妻离子散；多少人逃荒要饭，家破人亡。

“长江”“黄河”是中华民族的象征，说“长江在哭泣，黄河在哀号”是震撼人心的拟人手法，生动形象地表现出祖国沉重受难的历史，发人深思。

再如，《在师范毕业生典礼上的演讲》中有这样深情的语言：

如今，你们就要离开母校了，尽管情丝不绝，可你们在四年的风雨中练硬了翅膀，现在也该驮回去一幅春天的图画了……

人无翅膀，这里“练硬了翅膀”“驮回去”就是“拟物”手法，用描写动物的词语来描写人物，表现出师范生锻炼成长的过程和他们将载着母校的重托走向工作岗位的热情。语言中流露出对毕业生的无限依恋和激励的感情。

运用比拟手法一定要正确恰当，要抓准被比拟物和比拟物之间的相似点，特别是褒贬色彩要恰当。例如，海燕、苍鹰英勇顽强，常用来比拟革命英雄；豺狼、狐狸凶残狡诈，常用来比拟奸贼坏人，爱憎好恶，十分鲜明。

◎ 夸张：夸大其词，震撼人心

夸张是为强调事物的某种特征而故意言过其实，或者夸大事实，或缩小事实，让听者对所要表达的内容有一个更深刻的认识和了解。

演讲中合理地运用夸张技巧，一是便于揭示事物的本质，二是能加强说话的感染力，三是能启发听者的想象力。运用夸张，必须以现实生活为基础，不能漫无边际，做到言过其实而又合情合理，不似真实而又胜似真实。

正因为夸张技巧便于揭示事物的本质，听者才明知是言过其实却不以为是虚假的。说某人矮瘦得像根“干豆角”，若不用夸张，直言其体重、身高多少，固然也能给听者一个数量级上的印象，但比起用“干豆角”这个具体形象的事物来描述，其感染力是大不相同的。它能使听者联想到干豆角的形状，并把这种形状与某人的矮瘦联系在一起来进行想象。听者好奇，说话能诱发其好奇感，丰富其联想，也就当然能收到良好的效果。

当然，夸张虽然可以言过其实，但不能浮夸，不能哗众取宠，更不能无中生有，信口开河。它必须以客观事实为基础，必须反映客观事物的本质特征。

运用夸张技巧时要注意分寸，要让听者知道你在夸张而不是写实；不要单纯为了猎奇而强行夸张，如在汇报情况、介绍经验等场合就不能随意运用夸张。要做到夸而有节、饰而不诬，才能造成强烈的震撼效果。

◎ 象征：诱发联想，引发启迪

象征是比喻的延伸和扩大，它是借助于特定的具体事物，来寄寓某种精神品质或抽象道理的修辞手法。

一位在医学院里任职的教授，正在给刚入学的新生们讲第一堂课。

在暴风雨后的一个早晨，一个男人到海边散步。

沙滩上有许多被昨夜暴风雨卷上岸的小鱼，被困在浅水坑里，挣扎着，想要回到大海的怀抱。

走着走着这个男人发现远方有一条瘦小的身影，不知疲倦地忙碌着。走近一看，原来是一个七八岁的小男孩，他正弯腰捡起水洼里的小鱼，然后再用力地扔回大海，一条又一条不停地重复着相同的动作。

男人问道："孩子，这海滩上有成千上万条小鱼，你一个人救不过来的。"

"我知道。"小男孩头也不抬地回答着，但并没有停止动作。

"既然知道，干吗还干傻事呢？"男人又问。

小男孩只是默默地捡起小鱼，再把它们扔回大海，并不回答。

男人忍不住又问了一句："你这么做，又有谁在乎？"

小男孩边扔边说："这条小鱼在乎！这条，还有这条……"

讲完这个故事，教授接着说：

"今天，你们在这里开始了大学生活，从此每一个人都将在这里学会如何去拯救生命。虽然你们救不了所有的病人，但是你们可以救一部分人，为他们减轻痛苦。

因为你们的存在，人们的生活从此有所不同——你们可以使大家的生活变得更加美好，这是你们能够而且必须做到的。”

这位教授在演说中，先是讲述一个富有哲理的小故事，然后借助这个小故事所喻示的精神品质，告诫他的学生们作为一名医务工作者应该具有起码的职业道德。

一般来讲，象征可分为明征和暗征。明征就是象征客体、象征意义、联系词在话语中同时出现，这类象征意义较明显、固定。如：人民英雄纪念碑是用一万七千块坚硬的花岗石和洁白的汉白玉砌成的。它象征着先烈们的丰功伟绩，寄托着全国人民对先烈的怀念和敬仰之情……”

暗征则只通过对象征客体的精细、巧变的说法来暗示其象征意义，以期引发人们丰富的联想和想象。

◎ 排比：语意强劲，气势磅礴

排比能增强演讲的语势，运用排比可使语意表达层次清晰、语势强劲、节奏鲜明、语意畅达。演讲者要会使用排比来表达各种情感。

这种修辞手法一般是由三个或三个以上结构相同或相似、内容密切关联、语气一致的词组或语句排列而成，用以表达同一范围、同一性质的事物，以增强语势，增强节奏感和旋律美，加强语言的力度。

马丁·路德·金在1968年8月28日美国华盛顿黑人集会上发表了一场精彩的演说，其中有这样几段话。

“一百年前，一位美国伟人签署了《解放宣言》。现在我们站在他纪念像投下的影子里，这重要的文献为千千万万在非正义烈焰中煎熬的黑奴点起了一座伟大的希望灯塔。这文献有如结束囚室中漫漫长夜的一束欢乐的曙光。

然而，一百年后的今天，我们却不得不面对黑人依然没有自由这一可悲的事实；一百年后的今天，黑人的生活依然悲惨地套着种族隔离和歧视的枷锁；一百年后的今天，在物质富裕的汪洋大海中，黑人依然生活在贫乏的孤岛之上；一百年后的今天，黑人依然在美国社会的阴暗角落里艰难挣扎，在自己的国土上受到放逐。所以，我们今天到这里来，揭露这骇人听闻的事实。

……

这就是我们的希望。这就是我们带回南方的信念。怀着这个信念，我们能够把绝望的大山凿成希望的磐石。怀着这个信念，我们能够将我国种族不和的喧嚣变为一曲友爱的乐章。怀着这个信念，我们能够一同工作，一同祈祷，一同奋斗，一同入狱，一同为争取自由而斗争，因为我们知道我们终将得到自由。”

在马丁·路德·金这几段演讲词中，第二段以“一百年后的今天”领起的排比句，集中地揭露了黑人没有自由，受着种族隔离和歧视，过着贫乏的生活乃至在政治、经济、人生、法律待遇等方面受虐待遭驱逐的悲惨严酷的生活现状，给人以心灵的震撼；最后一段以“怀着这个信念”领起的排比句，表述了所要进行的不懈努力、斗争原则和奋斗目标。文中排比句式的运用，如江河奔腾，气势磅礴，既淋漓尽致地表达了演讲者的思想和感情，又产生了激动人心的修辞效果。

排比可分为短语排比、句子排比和段落排比三种类型。它在演讲中运用广泛，既可以用来铺陈描述，又可用来议论说明，还可用来抒发情怀，使演讲增强语势，增强节奏感和旋律美，增强条理性和严密性，提高演讲的说服力和感染力。

◎ 设问：启发思考，发人深省

设问是演讲中常用的一种手法。它具有渲染性强，吸引力大的特点。通过设问可以有效地启发人们思考，从而使演讲产生更好的效果。

演讲语言的设问，就是提出问题，但并不要求别人回答，而是为了启发人们去思考。用这种方法演讲，能把听众的注意力引到演讲者身上，集中精力来听取演讲的内容。

在美国独立战争前夕，国务卿裴特瑞克·亨利在弗吉尼亚召开的关系美国命运的第二次大陆会议上审时度势，力排众议，发表了《诉诸武力》的著名演讲：

“我们的同胞已经身在疆场了，我们为什么还要站在这里袖手旁观呢？先生们希望的是什么？想达到什么目的？生命就那么可贵？和平就那么甜美？甚至不惜以戴锁链、受奴役的代价来换取吗？全能的上帝啊，阻止这一切吧！在这场斗争中，我不知道别人会如何行事，至于我，不自由，毋宁死！”

文中连用了六个设问句，加强要与宗主国英国斗争的语气，唤起北美十三州人民的斗志。他的演讲结束后，全场响起听众“拿起武器”的呼声。

◎ 反问：寓答于问，不容置辩

反问，又叫反法，是用疑问的形式表达肯定的意思，但它比一般的肯定感情更强烈，更具有说服力。

反问与设问不同，反问提出问题之后，既不要对方回答，也不用自己回答，是只问不答，因为答案已包含在问话之中了。

某厂厂长在全厂职工代表大会上谈到增产节约、增收节支问题时说：“由于管理混乱而造成的惊人的浪费，难道还要继续下去吗？”这句话包含的意思是这样浪费再也不能继续下去了，由于用的是反问句，语气相当强烈，表示的态度相当坚决。

美苏关于限制战略武器的四个协定刚签署，基辛格就在莫斯科一家旅馆里，向随行美国记者团介绍这方面会谈的情况了。当时已是5月27日凌晨1点，他竟毫无倦意。

“苏联生产导弹的速度每年大约250枚，”基辛格微笑地透露道，“先生们，如果在这里把我当间谍抓起来，我们不知道该怪谁啊？”

敏捷的记者们于是接过话头，探问美国的秘密。

“我们的情况呢？我们有多少潜艇导弹在配置分导弹头？有多少‘民兵’导弹在配置分导式多弹头？”一个记者问道。

基辛格耸耸肩：“我不确切知道正在配置分导式多弹头的‘民兵”导弹有多少，至于潜艇，我的苦处是，数目我是知道的，但我不知道是不是保密的。”

记者说：“不是保密的。”

基辛格反问道：“不是保密的吗？那你说是多少呢？”

记者傻了，只好“嘿嘿”一笑。

反问是用疑问的形式表达确定的内容的修辞方式。反问寓答案于问句之中，思想内容恰与句子的表面意思相反：语句表面意思是肯定的，内容则是否定的；反之亦然。运用反问能够加强语势，把原来确定的意思表达得更加鲜明且不容置辩，所以，容易集中听众的注意力，给人造成强烈的印象，容易唤起人们的想象和激情，比正面表达更能产生力量。

◎ 层递：层层递进，扣人心弦

层递，是指在语言表达中根据不同内容的不同组织层次，有顺序地一层一层地表达意思，或由少到多，或由轻到重，或由小到大，或由远到近。其效果是层层推进，步步相连。例如，《美国的奴隶制》中写道："美国背叛了过去，背叛了现在，并且庄严地发誓要背叛未来。"这种层递手法的运用对于加强语气、强化感情、刺激听众，起了巨大作用。

层递与排比相似，两者都能使语言富有条理性和感染力。不同点在于：排比的词句之间，语意是并列的；而层递的词句之间，语意有层次和级差，它是按照所表达的语意轻重、程度深浅、数量多少、范围大小、时间先后，逐层依次排列在一起的。恰当运用层递手法，能使言语富有层次感和条理性，能产生层层深入、步步推进的修辞效果。

例如，《矿山魂》在结尾处的抒情议论：

朋友们，当你想写一首诗，想唱一支歌，请别忘了那高高的井架，那飞旋的天轮，那800米深处的一片赤心，那湛蓝天下的巍巍矿山魂！那就是——可贵的主人翁精神！

井架—天轮—赤心—矿山魂，由具体形象到精神世界，语言逐层加深，表达了对矿山主人翁精神的热情赞美。

运用层递手法要注意内容上的锤炼，要精心选择在语言上确有轻重、在范围上确有大小等层次差别的词句，根据表达思想内容的需要，按照递升或递降的顺序来排列，次序不可混乱。

◎ 反复：强化语气，增强语势

为了增强语言表达的效果，让同一语言重复地出现，这就叫反复。演讲时使用反复能渲染感情，突出要点。反复分两种：一种是隔离反复，另一种是连续反复。

隔离反复，如《美国的奴隶制》中写道：

“……我们需要的不是光，而是火；不是毛毛雨，而是大雷雨。我们需要暴风雨，需要旋风，需要地震。”这里，间隔使用了两个“不是……而是……”起了强调作用，表达了演讲者鲜明而强烈的感情。

连续反复如马相伯在第七次国难广播中这样开头：“诸

位，时间不早了，醒一醒！醒一醒！”这两个“醒一醒”是连续反复，渲染了中华民族濒临危亡的紧迫感，催人奋起。

在演讲中，一些特别要强调的字词，一些特别要加固的感情可以采用重复的方法去表现，如罗斯福1941年12月9日在对日宣战后向全国广播的《炉边谈话》：

“十年前，在1931年，日本入侵满洲国——未加警告；

在1935年，意大利入侵埃塞俄比亚——未加警告；

在1938年，希特勒侵占奥地利——未加警告；

在1939年，希特勒入侵捷克斯洛伐克——未加警告；

同样在1939年，希特勒入侵波兰——未加警告；

在1940年，希特勒入侵挪威、丹麦、荷兰、比利时和卢森堡——未加警告；

在1940年，意大利先后进攻法国和希腊——未加警告；

而今年，1941年，轴心国家进攻南斯拉夫和希腊，控制了巴尔干——未加警告；

还是1941年，希特勒入侵俄国——未加警告；

而现在日本进攻了马来西亚和泰国以及合众国——未加警告。”

这里罗斯福十次反复使用“未加警告”强烈地呼吁和唤醒人们，如果让法西斯继续放任，他们将更猖狂地践踏人类。

这里运用的是同一反复的方法。

◎ 借代：以简代繁，意蕴风趣

借代就是不直接说出该人或该事物，而借与要说的人或事物有密切关系的其他事物来代替所说的修辞技巧。借代的客观基础是事物的相关性，运用这种技巧可以使语言具体形象，富于变化。

借代的修辞效果可以用十六字概括：以简代繁，以实代虚，以奇代凡，以事代情。演讲中恰当地运用借代，可以引人联想，使语句拥有形象突出、特点鲜明、文笔精炼、具体生动的效果。

三国时期，马家有五兄弟，这五个兄弟的名字里都有一个常字。五兄弟中，以马良的才学最高，刘备派他去办理外交事务，他每次都不辱使命地载誉而归。

因此，当时就流传一句话，叫作："马家的五个常，白眉毛最优良。"原来，马良的长相有个特点，眉毛像雪一样白得闪光。这里不说"马良最优良"，而是说"白眉毛最优良"，用"白眉毛"这个长相特征来代指马良。

"1949年在这个地方（指北京，引者注）开会的时候，我们有一位将军主张军队要增加薪水，有许多同志赞成，我就反对。他举的例子是资本家吃饭五个碗，解放军吃饭是盐水加一点酸菜，他说这不行。我说这恰恰是好事。你五个碗，我们吃酸菜。这个酸菜里面就出政治，就出模范。解放军得人心就是这个酸菜，当然，还有别的。”

这段话是毛泽东在中共中央一次大会上讲的。“酸菜”，是一种表面性的个别事物，但实质上代表艰苦的生活，引申为艰苦奋斗的政治本色。用具体代抽象的借代方式讲述，不仅生动有趣，通俗易懂，还可以产生强化激励、深入人心的效果。如果不用借代的方式作一番解释，说吃酸菜虽然过的是艰苦的生活，但保持了艰苦奋斗的政治本色，明确是明确，但缺少自然风趣的生动意蕴，也低估了听者的领悟能力。

◎ 对照：对比鲜明，透彻有力

鲁迅在《战士和苍蝇》一文中这样说过：“有缺点的战士终究是战士，完美的苍蝇竟不过是苍蝇。”这里鲁迅把“战士”和“苍蝇”拿来对照比较，尖锐地讽刺了那些诬蔑革命者的可耻奴才，坚决地支持了坚持革命的勇敢战士。

把两种不同事物或同一事物的两个不同方面放在一起相互比较，通过比较可使事物的性质、状态和特征等更加鲜明突出，并且鲜明地表现出说话人的立场和观点。这就是对照。

闻一多先生在《最后一次讲演》中多次运用这种技巧，如讲到国民党特务暗杀李公朴，还嫁祸于共产党，并说是什么桃花事件时，闻先生说："这是某集团的无耻，恰是李先生的光荣。"把国民党反动派的无耻和李公朴为革命而献身的光荣相对比，鲜明地表现了闻一多先生的爱憎感情。

在演讲中，运用对照方法，将两种不同事物进行对比，可以使好的显得更好，坏的显得更坏，大的显得更大，小的显得更小；将同一事物的两个不同方面进行对比，往往是为了把事物说得更透彻、更全面、更鲜明。

◎ 引用：引经据典，强化分量

引用是指在语言交际中引用名言警句、熟语、典故等，来证明事物、阐述道理，用途十分广泛。运用这种修辞手法可以增强说服力和感染力，使语言表达言之有据、生动形象。

一个人的语言表达能力无论多么强，毕竟是有限的，引用就在于借助于多种多样的表达能力，使其熔为一炉，产生以少胜多、言简意赅、韵味无穷、寓意深刻的表达效果。

引用的方式有多种多样，常用的有暗引、正引、反引和撷引。

暗引

暗引即暗示、引用。"鲁迅有两句诗'横眉冷对千夫指，俯首甘为孺子牛’应该成为我们做人处事的座右铭。”这句话中引用鲁迅的两句诗作为激励、警戒自己的格言，简洁凝练，令人回味。

正引

正引即用其原意原句。如教师节的晚会上，一名女学生在回答教育的作用时说：

“‘在一个文盲的国家里，是不能建成社会主义的。’（列宁语）‘一个受了不良教育的孩童，等于走失了方向。’（肯尼迪语）‘知识才是引导人走到光明与真实境界的灯烛。’（李大钊语）所以，‘教育是廉价的国防。’（亚里士多德语）‘教育的根是苦的，但它的果是甜的。’（约翰逊语）教育的根就是我的根。”这一段话引用了列宁、肯尼迪、李大钊、亚里士多德等著名历史风云人物的名言、警句，揭示了教育为本的深刻内涵，生动深刻，效果突出。

反引

反引即反其意而用之。如毛泽东同志在《质问国民党》一文中讲道：

“照你们的说法，‘破坏团结’的也是共产党，你们则是如何如何的‘精诚团结’主义者，那么，你们以三个集团军的大兵，手持刺刀，配以重炮，向着边区人民前进，也可以算做‘精诚团结’了？”

毛泽东同志这一段反用，以其人之道，还治其人之身。没有比这精妙的反引更具说服力的了。

撷引

撷引是撷取原句中部分词语而用之。

毛泽东同志在《论联合政府》这篇著名演讲中将“上以风化下，下以风刺王，王文而谲谏，言之者无罪，闻之者足戒，故曰风”句，巧妙地撷用成“言者无罪，闻者足戒”这一闪烁着真理光芒的名句。

这样的撷引精练地阐述了人民内部对于批评所应采取的正确的态度，倡导和张扬了民主作风和批评与自我批评的精神。不但言简意赅，而且通俗易懂。

运用引用技巧时，要力求精当，多少适宜；所引用的内容必须对阐述问题确有价值，其内容既具有权威性、说服力，又不是老生常谈。

运用引用应注意两点：一是保持引文的完整性，切忌断章取义；二是将引文与所要表达的意思融为一体，成为论说的有机组成部分，不能硬凑生拼，甚至“贴标签”。

CHAPTER 5

震撼开场：唱响演讲的开头戏

出口不凡的开头，能唤起听众的兴趣和求知欲，产生巨大的吸引力，紧紧抓住听众的兴头，使听众非听下去不可。凤凰头，小巧美丽。精巧的开头，画龙点睛，勾勒提要，能自然顺畅地引领下文，把听众带进声情并茂的演讲情景中去，造成有利于接受演讲观点的心理定式。演讲的开头应该做到短小精巧，新颖诱人。

◎ 直接开场：开门见山，直奔主题

开门见山，用精炼的语言交代演讲意图或主题，然后在主体部分展开论证和阐述。这种开场白非常常见。

1883年，马克思逝世，恩格斯发表了著名的题为《在马克思墓前的讲话》的演讲：

3月14日下午两点三刻，当代最伟大的思想家停止思想了。让他一个人留在房里总共不过两分钟，等我们再进去的时候，便发现他在安乐椅上静静地睡着了——但已经是永远地睡着了。

这个人的逝世对于欧美战斗着的无产阶级，对于历史科学，都是不可估量的损失。这位巨人逝世以后所形成的空白，在不久的将来就会使人感觉到。

恩格斯的开场白以简洁的语言交代了演讲的中心论点：马克思的逝世；马克思的逝世是无产阶级不可估量的损失。

开门见山式开场白适合运用于较为正规、庄重的应用性演讲场合，它要求演讲者具有较好的概括能力。著名羽毛球运动员韩健在他载誉归来的汇报演讲中就采用了这样的开场白：

尊敬的领导，亲爱的同志们：

我从17岁开始从事羽毛球运动，至今已经14年了。在这14年里，我有过成功的经验，也有过失败的教训；有过当世界冠军的喜悦，也有过败北的痛苦。今天，我不想炫耀自己如何“过五关斩六将”，而只打算认真地谈一谈“走麦城”。

开门见山的内容可以从下面几方面来考虑。

由演讲的题目谈起

这种开头不仅交代了题目及演讲的缘由，吸引了听众的注意，而且还便于引出下文，使听众觉得自然流畅。

例如，鲁迅先生的演讲《少读中国书，做好事之徒》是这样开头的：“今天我的讲题是：《少读中国书，做好事之徒》。我来本校是搞国学研究工作的，是担任中国文学史课的，论理应当劝大家埋首古籍，多读中国书。但我在北京，就看到有人在主张读经，提倡复古。来这里后，又看到有些人老抱着《古文观止》不放，它使我想到：与其多读中国书不如少读中国书好。”

鲁迅先生是教中国文学史的，竟然要大家少读中国书，为什么？听众带着这个疑问，就非听下去弄个明白不可。

由演讲的缘由讲起

这种开头一开始便三言两语向听众说明演讲的起因，然后顺水推舟导入下文。

1987年美国航天飞机“挑战者”号，在升空后突然爆炸，当时的美国总统里根在遇难机组人员悼念仪式上，发表了一篇激动人心的演说，开头是这样的："今天，我们聚集在一起，哀悼我们所失去的7位勇敢的公民，共同分担内心的悲痛。"

这种从缘由讲起的方法，不仅能使听众概括地知道演讲的来龙去脉，引起听众的兴趣和注意，而且和正文的衔接也较为自然流畅。

由具体事例讲起

闻一多《最后一次演讲》就是用事例开的头："这几天，大家晓得，在昆明出现了历史上最卑劣、最无耻的事情！李先生究竟犯了什么罪？竟遭此毒手！"

这样的开场白能一下子就进入正题，既生动又具体，使听众易于接受，抓住听众的心。

自报家门式开头

演讲一开场就来个自我介绍，或个人经历，或性格爱好，或表明立场观点。这样的开头诚挚坦率，能融洽气氛，吸引听众。

例如抗战时期，著名作家张恨水在成都大学演讲的开场白是："今天，我这个'鸳鸯蝴蝶派'作家到大学区来演讲，感到很荣幸！我取名'恨水'不是什么情场失意，我取名'恨水'是因为我喜欢南唐后主一首词《乌夜啼》。（朗诵该词）我喜欢这首词里有'恨水'二字，我就用它做笔名了"。

真是快人快语，把自己的文学流派、性格爱好统统“自报家门”，毫不隐瞒。这样开场显得真诚坦率，听众顿时受其感染。

◎ 提问开场：直击心扉，开启心门

有时在讲演中，一上台就向听众提出问题，让听众和讲演者一起思索，使听众从头至尾集中精力听讲，以印证自己的想法和演讲者的看法是否相同，是否正确。只要提出的问题是群众关切的，是听众迫切想知道而又感困惑的，这种方式一定能像一把钥匙一样，开启听众的心门，使讲演者进入他们心中。

被誉为中国第一演讲家的马相伯，在一次广播演讲中，一开头就是：“请看，今日的中国，是谁家的天下？”发人深省，催人奋进，有发聋振聩的威力。

2001年复旦大学举办的《青年与祖国》的演讲比赛，当时由于种种原因，会场嘈杂难静。当时有位同学上台，他刚讲个开头，就立即扭转了混乱局面，紧紧抓住了听众的心。他说：“我想提个问题。”台下听众立即被他这种新奇的开头形式所吸引。他停顿了一下，继续说：“谁能用一个字来概括青年和祖国的关系呢？”这时，台下听众议论纷纷，情绪活跃。他立即引导说：“可以用‘根’字来概括这种关系。”接着，他讲述上海男人名字喜欢用“根”字的原因，并归纳说：“我们青年有一个共同的姓，就是‘中华’；有一个共同的名，就是‘根’。‘中华根’应该是中国青年最自豪、最光荣的名字！”话音刚落，全场顿时掌声雷动。这样的提问开头，新颖别致，出人意料，让人耳目一新，激起听众浓厚的兴趣。

采用设问开头的方式，关键在于问题要提得好，提得恰当。提问的信息要与对象、场合相适应，同时讲究内容的合理性和确定性，要使所众感到新鲜、出乎意料，能激发听众积极思考，而且与后面阐述的问题联系紧密，能巧妙而自然地引发出演讲的主体内容。否则，泛泛地为提问而提问，问题设计不当，反会弄巧成拙，不仅不能使人感到新颖别致，反而让人觉得浅陋俗套。

◎ 幽默开场：亦庄亦谐，妙趣横生

幽默式开场白往往亦庄亦谐，妙趣横生，既语带双关，又不失犀利。演讲时用幽默法导入，不仅能够较好地表现演讲者的智慧和才华，而且使听众能在轻松愉快的气氛中自觉不自觉地进入角色，接受演讲的内容。同时，在幽默趣味的开场中，不时发出一种与导入语语感、语意十分和谐的笑声。这轻松的一笑，不仅给听众以美的感受，而且能沟通演讲者与听众之间的感情。

当你走上讲台或站在人群中面对一张张面孔将要开始演讲时，面临的第一个问题，就是如何使听众对你或你即将阐述的观点、问题感兴趣，使在场的人都能在你一开口时就不由自主地注视着你。这就需要运用幽默的语言。尤其在听众比较倦怠或情绪不够稳定的情况下，以幽默的语言去振作听众的精神，稳定听众的情绪，就显得非常必要。

有一次，某单位召开了一个关于安全生产的职工大会。轮到最后一个车间主任做表态发言时，职工有的看表，有的交头接耳，会场秩序有些不安定。这位车间主任见此情景，开口就说了一句：

“劳驾诸位——请大家对一下表。”

说着，他也伸出胳膊，注视着自己的手表，情态极为认真。这使在场的所有职工几乎都愣了一下，然后真的就去看自己戴的手表。

“现在是……9点12分。”他说，“不准的请拨正。我的发言只需要15分钟。到9点27分我要讲不完，请前排的同志把我从窗口扔到外面去！”

会场内先是爆发一阵欢笑，笑得都很开心。接着便鸦雀无声，开始听他的15分钟发言。

以幽默、诙谐的语言或事例作为演讲的开场白，能使听众在轻松愉快之中很快进入演讲接受者的角色。

1965年11月，美国友人安娜·路易斯·斯特朗女士在中国庆祝她的80岁寿辰，周恩来特意在上海展览馆大厅举行了盛大的祝寿宴会。周恩来的开场白是：

“今天，我们为我们的好朋友、美国女作家安娜·路易斯·斯特朗女士庆贺‘40公岁’诞辰。（参加宴会的祝寿者为‘40公岁’这个新名词感到纳闷不解）在中国，‘公’字是紧跟它的量词的两倍。40公斤等于80斤，40公岁就等于80岁。”

周恩来巧妙的解释在几百位祝寿者中激起了一阵欢笑，斯特朗女士也高兴得流下了眼泪。

◎ 名言开场：烘云托月，做好铺垫

演讲开场白也可以直接引用别人的话语，为展开自己的演讲主题做必要的铺垫和烘托。名人说过的格言，永远具有引人注意的力量。所以，你能适当地引用一句名人说过的话，实在是演说开端的好方法。

例如，演讲题为《让生命在追求中闪光》的开场白是：

美国黑人教育家本杰明·梅斯有句耐人寻味的名言：

“生活的悲剧不在于没有达到目标，而在于没有想要达到的目标。”这话是极有道理的。

随着生活节奏的逐步加快，时间以分秒来计算，因而，当今社会的演讲也要适应时代的这一特点。

在一定的场合演讲某些种类的问题时，一开始，就恰当地引用名人名言，是最巧妙的方法。因为既称“名人名言”，就意味着它在群众中有影响，有权威，受信赖，易接受；也表明在名人论述那个问题上，其理论深度已达到相当水准，在这个基础上再阐述发展，对听众更会有吸引人的力量。

有一位教育家在以事业成功为题做演讲时，他先引用著名大演说家卡耐基的话说：“世界上的最优奖品——荣耀与金钱，只赠给一件事，那就是创造力。什么是创造力呢？让我告诉你们，就是不必别人指示，而能做出确实的事情，并获得成功。”

这段演说词的开头，有几个特点是值得称道的。它的第一句话引用了名人名言，就引起了听众的好奇心，使听众愿意听下去，想再多知道一些。演说者如果在说完“只赠给一件事”的后面，能够十分巧妙地略略停顿一下，那更会使人迫不及待地要问世界把最优等的奖品赠给了谁，它的第二句话立刻把听众引进了题目的中心。第三句是问话，可以引起听众的思索，而且使听众愿意共同讨论。第四句给创造力下了一个定义。

在这样的基础上，演说者再列举大量生动的事例，从理论上展开创造力对事业成功的作用的分析，当然会把听众的情绪引向高潮。

在演讲中，也可以适当地运用成语名言开场，这样可以强化演讲开场白的分量，给听众留下难忘的印象。

例如，讲题为《青少年应珍惜光阴》，那么在开场白的语言中，不妨运用“一寸光阴一寸金，寸金难买寸光阴”和“大禹圣人，乃惜寸阴；至于今人，当惜分阴”之类的格言，就容易抓住听众的心理，给人留下深刻的印象。

◎ 故事开端：有味有料，引人入胜

故事式廾场白是通过一个与演讲主题有密切关系的故事或事件作为演讲的开头的。这个故事或事件要有人物，有细节。

例如，四川周光宁《救救孩子》的演讲开场白：

“去年5月24日的《新民晚报》披露了这样一个事实：一个四年级的小学生，每天要带父母亲给剥光了壳的鸡蛋到学校吃。有一次，父母忘了给鸡蛋剥壳，差点憋坏了孩子，他对着鸡蛋左瞅右看，不知如何下口。结果只好原蛋带回。要问他怎么不吃蛋，回答很简单：‘没有缝，我怎么吃？’”

周光宁通过小学生不会剥鸡蛋这样一则新闻报道开头，把听众带入他的演讲主题：全社会都要重视培养孩子们独立生活的能力和战胜困难的勇气。

故事式开场白容易调动听众的注意力，对语言技巧的要求也比较简单，故初学演讲者特别适合于选用故事式开场白。如湖南某大学的演讲课练习，演讲题为《当我走进大学校门的时候》，一位大学生这样开始他的演讲：

“大家一定会记得这样一个传说吧：阿拉伯有个神奇的山洞，里面收藏了40个大盗偷来的金银财宝和珍珠玛瑙。只要掌握了一句咒语，洞门就会自动打开。有一天，一个叫阿里巴巴的人无意中知道了这句咒语，他打开了这个财宝之门，成为巨富。”

演讲者以人们熟知的阿拉伯传说作为开场白，把大学校门比作知识的财富之门，获得了较好的演讲效果。

但是，务必慎用“借来的”逸闻。在演说圈子里，雷同的故事层出不穷，令人惊讶。不仅如此，雷同的故事还往往出自讲故事的人之口！这会影响到你的可信性，对你的诚实也会产生疑问。如果你讲的故事发生在别人身上，事先要让你的听众知道这点。所以，可讲的最好逸闻通常是你亲身经历的。你今天就开始建立一个收集故事的文件夹，把它塞满各类剪报，相信你会为你的一些演说找到好的开头。

用形象性的语言讲述一个故事作为开场白会产生良好的效果。故事式的开场白要避免复杂的情节和冗长的语言。选择故事要遵循这样几个原则：要短小，不然成了故事会；要有意味，引人入胜，促人深思；要与演讲内容有关。

◎ 事实开场：实话实说，声声入耳

惊人的事实，报道时可以惊醒听众的白日梦，抓住他们的注意力！有一位演讲者要说明"无线电的奇观"他开头竟然这样说：

"你们晓得吗？纽约的一只苍蝇，在玻璃窗上爬过的声音，用无线电传播到非洲的中部，会像那'尼加拉瓜'大瀑布的巨响一样……"

一般的听众长时间静听抽象的议论，会感到不耐烦。而讲实例总是比较入耳，有兴趣听下去。那么，为什么不先讲实例做开端呢？可有些演讲者，他们总觉得应该先做一点概括的议论为好，这是完全不必要的。用实例开场，引起兴趣，然后再接续一般的陈述，反而使听众容易接受你的观点。

例如，下面玛丽瑞艾蒙德的这篇演说开端就非常令人喜欢。这是她在法律尚未禁止童婚之前，于纽约妇女选举协会上做的演说："昨天，当火车经过离此不远的一个城镇时，我忽然想起数年前在那里发生的一桩婚姻。因为在这纽约州中至今还有许多婚姻都像这样轻率与不幸，所以今天我愿意详细地描述那桩婚姻的情形。那是在12月12日，该城中某高等女校的一个年龄15岁的女孩子，遇见了附近一位大学一年级的学生，到12月15日——即相识3天后，他们虚报那女孩子为18岁，而领了结婚证，因为依据法律，到这个年龄就可以不用取得父母的许可即能结婚。他们领到结婚证后，便立刻去找一位牧师证婚（那女孩是天主教徒）。但那牧师却很正确地拒绝了他们。不久，那女孩子的母亲听说了这件事。然而在她等到她的女儿之前，一位保安官已使这一对年轻人成了眷属。随后新郎便把新娘带到旅馆里同居两天两夜，之后他却抛弃了她，再也不和她同住了。"讲完这一实例后，她再详细阐述反对童婚的观点。

这样的开头自然、真实、具体，听众感到亲切，愿意再听下去，也乐意而不勉强接受演讲者的观点。

我们也可以融入场景，即兴发挥。

美国前国务卿埃弗雷特一次在葛底斯堡国家烈士公墓揭幕式上发表演讲，当远处的群山、眼前的原野、伫立的人群、肃穆的气氛激起他心底波浪翻滚时，他抛开讲稿，即兴发挥：

"站在明静的长天之下，从这片经过人们终年耕耘而现在还安静憩息的广阔田野放眼望去，那雄伟的阿勒格尼山脉隐约地耸立在我们前方，弟兄们的坟墓就在我们脚下，我真不敢用我这微不足道的声音来打破上帝和大自然所安排下的这意味无穷的寂静……”

这个开场白相当精彩，字字句句震撼了听众的心。

◎ 实物开场：匠心独运，耳目一新

在一个古钱币展览会中，一位男士用两个手指夹着一枚钱币，高举过肩，自然观众都往他手上的钱币上看。然后，他才开始演讲说：“在场的诸位，有没有人在街上捡到过这样的钱币？”接着，他就讲述这枚钱币的稀贵和他的收藏经过。

拿一些实物来给听众看，这是引起人家注意的一个最容易的方法。这种实在的刺激物，有时在一些知识程度很高的听众面前，也会发生很好的效果。

某中学生在参加以“珍惜时间”为主题的演讲赛时，在教室的窗台上拾起一片黄叶，走上讲台，开始演讲：

“亲爱的同学们，你们看我手上拿的是什么？是一片落叶吗？不错。然而仅仅只是一片落叶吗？不。它是穿过时空隧道的过客，是一叶凝聚的时间，是一首哀叹时间一去不回头的诗。我们读它，仿佛是在与那来去无踪的时间对话。从这里，我们看到了时间的力量和冷峻。绿叶婆娑，那是时间的恩典；黄叶飘零，那是时间的摧残。面对它，我们还有什么理由轻视时间呢……"

演讲者匠心独运，以实物为"切入点"，用一片落叶来具体形象地阐发时间哲理，激起了听众心中的波澜，使他们跳出了空洞无物、泛泛而谈的老调子，获得了心灵上的立体感，给听众以耳目一新的感受，效果相当不错。

这种开头方式多在军事演讲、法庭演讲或学术演讲中使用。它通过展示实物，首先给听众一个感性的直观印象，然后借助具体实物，提出和阐述自己的见解。例如，军事演讲首先向听众展示军用挂图或战场实物，学术演讲首先展示科研成果或图表，法庭演讲展示证物，等等。这样开头，由于增强了演讲的直观性和实体感，更有利于内容的表达和逐步深化。

例如《拼搏——永恒的旋律》这篇演讲，演讲者一开头就说：

"今天我给大家带来了一样礼物（举起一个小铜盒）。我珍藏它已五年多了。它不仅使我改变了自己的命运，更使我明白了自己肩上的重担不止千斤。你们一定想知道它是什么？那就请听一个关于我自己的真实的故事……"

这样以示物开头很自然地给听众留下悬念。接着，演讲者便以铜盒为线索讲了下去。讲到关键处，激动地打开铜盒，拿出内装的用血书写的“拼搏到底”四个字，使听众产生强烈的感情冲动。最后，演讲者说：“历史、时代坚信我们会用钢铁的意志、坚实的行动勇往直前！因为我们共同拥有一个永恒的旋律——这就是拼搏！”再次高举血书。

◎ 巧设悬念：故弄玄虚，吊足胃口

悬念式开头是使演讲开头具有艺术吸引力的有效方法。对于一些超出自己想象之外的问题、事件，听众都有特别强烈的探求欲望，强烈的探求欲望会增强人对外界信息的敏感性，极易激活思维，进而产生一种欲罢不能的情绪冲动。

因此，开头设置悬念，把一些罕见、奇特、令人震惊的事件提出来可以获得意想不到的效果。比如：四川省成都都江堰市向峨乡党委书记罗鸿亮《震不垮的战斗堡垒》的演讲开头：

“各位领导、同志们：我是四川省都江堰市向峨乡党委书记罗鸿亮。

5月12日下午，我正在莲花湖畔的莲月村主持一个村道建设工作会。突然，地动山摇，莲花湖像开水一样翻滚。有人大声喊：‘地震了！’我和大家赶紧跑出会议室，爬上湖边的岩石，朝乡政府方向望去，那边已是漫天黄烟，什么都看不清。

不好，得马上回去!我和同事们急忙往乡政府跑。一路上，周围的房屋几乎都垮了，水泥路面到处坍塌开裂。乡政府和周边的情况比我想象的更严重：成片的房屋只剩下几栋孤零零地立在废墟中，整个街道变成了一片砖瓦堆!”

演讲者开头即设悬念，讲述这场灾难来势之猛，破坏力之大，场景之惨，使听众产生焦虑、紧张、揪心、震惊的情感体验，绷紧了思维之弦，渴望了解地震灾区情况，急于知道危难时刻党组织的战斗堡垒作用和党员的先锋模范作用是怎样发挥的。大灾大难最易折射人性的光辉，更是党员党性观念强弱的试金石。听众急不可耐地想听下去也是再自然不过的事了。

人们都有好奇的天性，一旦有了疑虑，非得探明究竟不可。为了在一开场就激发起听众的强烈兴趣，可以使用悬念手法。制造悬念不是故弄玄虚，既不能频频使用，也不能悬而不解。在适当的时候应解开悬念，使听众的好奇心得到满足，而且也使前后内容互相照应，结构浑然一体。

◎ 转折开场：出其不意，峰回路转

转折式的开场白能让听众有截然不同的反应，可以起到峰回路转的效果。

假如你是一位副主任，公司为了表扬你平时的优良表现，突然有一天提升你为主任。于是，当天下班你兴冲冲，欣喜若狂地吹着口哨回家，看见妻子后你如何向她传达这喜讯呢？

“我回来了，我今天升了主任，你开不开心？”一般人通常会忍不住喜悦，直率地告诉太太这个好消息。

“别高兴得太早，往后得更加卖力工作，否则会被人家说闲话……”也许有些妻子会如此泼冷水，或没有你预料中的反应热烈，因此，建议你不妨改变一个方式，用点心思告诉她这个喜讯。

“我回来了！”看见你装出一副失魂落魄的样子打招呼。

“怎么了？无精打采的。”太太会关心地问。

“今天我被叫到董事长办公室。”

“他对你说些什么？”

“他说我这个副主任的职位明天起不用再干了。”

“怎么会呢？你不是做得好好的吗？为什么被开除了？！”太太一定会紧张地问你。

此时你再绽出得意的笑靥说：“谁被开除了？！他是叫我不用做副主任，改升我为主任啊！”

“真的？！”太太会瞪大眼睛，松了一口气说，“你真讨厌，害我担心死了。”虽然说“讨厌”，可是却露出娇嗔喜悦的神情。

稍微思考改变一下说话的方式，所得的效果会马上不同。演说亦然，相反的讲话方式有助于提高震撼力。

总之，演讲的开头不可忽视，要求简短切题，有魅力，力求一开始就给听众造成一种良好的心理定式，切忌陈词滥调；要有真挚感情，切不可故作谦虚。

CHAPTER 6

吸引大法：牢牢抓住听众的注意力

有的演讲者认为，只要使用巧妙的开场白抓住了听众的注意力，就可以一劳永逸，直到演讲结束他们都会自始至终关注你的演讲。可是遗憾的是，有时台上的你正慷慨激昂，台下的听众却发呆、睡觉，甚至还有交头接耳。怎样抓住听众的注意力是演讲者在演讲过程中要仔细考虑的事情。抓住听众的注意力才能让听众跟着演讲者的思路走，这是演讲成功的重要因素。

◎ 现身说法：引发听众的同情

我是北京人，在北京长大。抗战期间我是北京的亡国奴。1942年我在男二中上学，每天放学后走到灯市口，听到日本洋行的喇叭筒里放的就是《何日君再来》！听到这支曲子，亲眼目睹日本军国主义者打我们中国人，一个巴掌一句“八格牙鲁”，整个国家处于沦亡状态。

当时我才11岁，父母还是比较高级的知识分子，经常半夜三更催我起床排队买豆渣，冬天冻得够呛，跑到马路边上蹲着去，蹲几个小时才能买到一斤豆渣。偌大的北京城，处在日本军国主义者的铁蹄之下，老百姓成天吃混合面，还是配给的，可以说每天挣扎在饥饿线上。每次我走到路上，可以看到马路边老有死尸。用垃圾车拉死尸。北京人还起了个名，美其名曰“倒卧”。这就使人想到杜甫的名句：“朱门酒肉臭，路有冻死骨。”现在大学生念起来像个顺口溜，可在那个时代就是生活的现实。今天，竟然还有人陶醉《何日君再来》，想想“商女不知亡国恨，隔江犹唱后庭花”吧……

这是演讲家李燕杰对自己在旧社会度过的少年时代的追溯，旨在劝导听众珍惜今天来之不易的幸福生活。李燕杰比较详细地描述了当时劳苦大众的悲惨生活，并夹入了自己发自肺腑的感触与慨叹，增强了演讲的说服力和感染力。

源自于亲身经历的酸甜苦辣最有感染力和说服力。在演讲中，演讲者应善于利用自己的亲身经历、感触深切的事例来证明自己的观点，并注意在叙述过程中表达出当时的真实感受以及现在的所感所悟，这样更有利于听众对演讲者的观点报以更多的认同。不妨再举一例：

工作至今，我已在讲台上站了6个年头……我们是职业中学，学生素质普遍不高，每当我看到孩子们因为无知而显得世故，因为幼稚而感觉空虚无聊的言行举止时，我常意识到自己的责任之重。我曾被学生骂哭过，我崭新的摩托车曾被学生用刀片划破后座，我的宿舍门上曾“装饰着”学生粗暴的脚印……这一切都没有使我灰心气馁，没有像朋友们讥讽和挖苦的那样联想到自己微薄的工资值不值。那个时候，我只想到有苍白的灵魂需要我们去拯救、去塑造、去描绘。

这是一个教师在题为《教师，不要让你的事业清贫》的演讲中说的一段话。演讲者在列举了教师队伍中一些无私奉献者的事迹之后，转而联系自己的教学经历来讲，就一下子激起了一种切身的感受，从而大大增强了演讲的情感效应。

在演讲中，往往需要引述一些典型事例。倘若这些事例是有关他人的，演讲者不妨联系实际，从亲身经历中去体验和讲述那些曾经感动过自己的人和事。这对于情感的自然投入，无疑能够起到积极的作用。

◎ 巧于赞扬：一句点赞兴趣浓

很多时候，演讲者和听众都是第一次见面，在互相不了解的情况下，要吸引听众的注意力不太容易。这时候，不妨发挥赞扬的作用。

例如，有一次，某歌舞团几位青年演员到长春市演出，一些青年观众入场后，发现这些演员大多名不见经传，颇为不满。这时，一位女青年演员走到台上，演讲道：

我早就盼望有一天能来到你们美丽的城市，亲眼看看驰名中外的解放牌汽车，游览一下誉满全球的长春电影城，更想领略一番你们美好的象征——君子兰的风采。（热烈掌声）我果然发现这花典雅、文静。我同时发现长春的姑娘和小伙子也像君子兰那样文质彬彬，大有君子风度。（笑声）我虽无歌唱家的名望，但我有一颗年轻的心，我非常高兴为你们演唱，我想我会得到你们的支持和爱护，因为我们是同龄人！（长时间鼓掌）

这位女青年演员很懂得赞扬听众的演讲技巧，她以市民与市花作巧喻，更是发自内心地赞扬听众“像君子兰一样有君子风度”，使得听众听了后心里特别舒坦，从而有效地激发听众的兴趣，吸引听众的注意力，为演出的成功创造了有利条件。

每个人都爱听赞美的话，所以演讲者也要学会赞美听众。可以赞美他们的容貌、身材、声音、气质、服装与饰品，赞美他们的家庭、对象和孩子。如果有新的发现，还可以赞美他们独特的本领和创新，赞美他们的个人爱好。

但是赞扬也是有讲究的，不能随便乱来，以下几点是演讲者需要留意的：

（1）赞美要真诚、面部要微笑。

（2）不要总说“最、第一”等过于绝对的词。

（3）赞美要具体、及时、公开、特别。

（4）多说事实和感受，少用形容词、副词。

（5）经得住时间考验。

（6）要把握好度，不能弄巧成拙。

◎ 妙用笑话：牵动听众的笑神经

演讲中，适时地穿插讲一些笑话，可以有效地激发听众的兴趣，吸引听众的注意力，同时也能起到渲染会场气氛的效果。

有一个关于“井蛙之见”的讲话。这个话题其实很容易落入说教性的俗套，然而讲话者别开生面，以一个鸵鸟的故事说起，她说：“有两只鸵鸟准备甩掉它们的同伴，可是它们跑不快，因此它俩决定藏起来。”然后她看了看台下的听众，说“你们知道鸵鸟是怎样藏的吗？你们知道如果你在那种情况下会有多么脆弱吗？”听众立即笑了，她已经成功地道出了关键所在——鸵鸟政策可能会非常危险。

奥巴马以前上台演讲也非常紧张，当上总统之后更是如此，而且常常有时忘词。

他的夫人给他出主意说，你以后在演讲中不妨讲点笑话要故弄玄虚，比如这样说：我一生中最幸福的时光，是躺在一个女人的怀抱里……然后，停留一下，再继续演讲：这个女人就是我的母亲！这样你一定能够吸引听众。

奥巴马记住了，于是有一次演讲时就开始使用了：我一生中最幸福的时光，就是躺在一个女人的怀抱里……

奥巴马停顿了一下，下面静悄悄的，大家都期待着他继续演讲，感觉很好。可是这个时候奥巴马突然忘词了，他下面的内容记不得了，没办法他继续演讲道：

可是，我忘记了是哪个女人……

台下听众哄堂大笑。

讲笑话是一种非常有效的吸引听众注意力的方式。但是在使用笑话时必须慎重，因为你一旦选用这种方式，就会激发听众对更多笑话的期待。使用笑话的最佳时机应该是在你认为这个笑话正好适合当时的情形，而且你能够讲得绘声绘色、惟妙惟肖，刚好起到锦上添花的作用。当然，如果你有很强的驾驭能力，你也可以将笑话贯穿于讲话的始终。

另外，要避免讲低级的或是贬低人的笑话。有时讲自己的蠢事，自我解嘲，效果更好。

◎ 新闻时事：爆料耸人听闻的话题

演讲过程中，适时插入一条引人注目的新闻或时事材料，可以引起全场听众的高度注意。

例如，《文明古国的悲哀》演讲稿里面就援引了新闻材料：

据一家国家级的报纸报道：在国外，几乎所有国家的公共场所都专门贴有用中文写的告示牌——请不要随地吐痰和乱扔果皮、纸屑。朋友们，这并非是一件正常的小事，而是对号称文明古国的子孙们的一种讽刺。

这样的内容，一下子就使听众为之震惊，并对事态关注起来。

又比如：

今天的《商报》头版头条是……

今天早上的最新新闻说……

还可以直接把报纸带来，这样更有真实感。当然，引导很重要，你的新闻要为你的主题服务。

当下国际、国内有什么重要新闻、重大事件，可以立即拿来即兴发言，作为讲话素材。这是一种信手拈来的功夫，可以有效地吸引听众的注意力，激发听众的兴趣。大部分讲话的内容都不会空洞无物，讲话者的话题基本都与这个世界正在发生的事情相关。因此在演讲过程中，可以适时援引一些重大新闻事件、焦点话题，如果内容有涉及时代背景的，应将背景向听众交代清楚，这样讲话的内容则更易被听众所接受。

需要注意的，这种新闻、事件首先必须真实可靠，切不可故弄玄虚，否则，愚弄听众只会引起反感。其次要新，不能是过时的“旧闻”。另外还要尽量避免使用有争议的话题，因为你并不清楚台下听众对该事件的看法。

◎ 变换方式：保持演讲的活力

一位呆板的演讲者像被粘在地上一样固定在讲台的某一点，以单调的口吻发言，可以想象，这样的演讲毫无活力，没有生机，听众听起来自然也就没有兴趣，昏昏欲睡。

呆板就是单调，会让演讲变成一潭死水。要想打动听众，演讲就要突破常规，变化形式。变化可以吸引听众注意力。

视觉上的辅助手段会增加听众对你的演讲的兴趣，如果这些辅助手段采用不当，那么连续采用视觉辅助可能使演讲流于拖沓。如果听众完全可以预测你后面要讲的内容和采用的方式，有些人就会开始分心走神。

这时，需要采用多样性的支持材料——不要只依赖统计数据或证词，要用多种方法引证。为了说明一个要点而引用三个政治事例，不如引用一个政治事例，再加上一个体育运动和一个流行电影的例子。同理，还应该避免相同的句子结构多次重复以及一个词或词组多次反复。

只要可能，就要赋予演讲一种动感。创造活动的意象，采用栩栩如生的动词，尽可能采用主动语态。如果你要指出某个设备的一些特点，描述它的用途，用手指在键盘、换挡装置、开关甚至电子器械上比划。

在具体发言时，要记住多样性和动感的重要性。

◎ 有的放矢：满足听众的需求

经验证明，讲一些与听众切身利益相关的事物必定能使听众全神贯注，演讲者借此也一定能将自己的意识顺利传达给听众。

虽然你对自己的演讲题目热情高涨，但是如果听众的态度是“和我有什么关系”，那么你的演讲也会大受打击。你要向听众保证，他们有理由安静地坐在椅子上，你的题目——不管是告知性、说服性还是鼓动性——都与他们的个人体验有关系，所以应该引起他们的注意。

如果听众说“那又怎么样”，实际上他们是在说“这和我有什么关系”。不要想当然地认为你的演讲给听众所带来的好处是显而易见的。要把你的演讲好处列举出来，激发听众继续听下去的兴趣。要认真进行听众分析，尽可能把听众的需求和价值观结合起来。

演讲者的成功正是在于他明确听众听讲的目的，即听众期望你能提供解决难题的知识、态度和方法。如此，你才会寻找到听众的真正疑惑和需求，也才能有的放矢地演说。

如果你是位会计师，你可以谈有关申报所得税的最简易方法；如果你是位律师，则不妨教听众如何写有关法律的文件……这些话题都是你专业范围的知识，因此你有权威性的发表权，听众也会大受裨益。

结合听众的需求和价值观来表现自己的观点和意见，能找到听众听讲的兴趣点，这样你才能更好地调动听众听讲的兴趣，吸引听众的注意力，让演讲顺利进行下去。

◎ 投其所好：谈听众关心的事情

有时候需要采用两个相互关联的步骤来激发听众的兴趣。因为并不是每个演讲题目都能让听众感兴趣，大多数听众只愿意听那些能帮助他们致富、节省时间、取得成功的演讲。如果你无法指出自己的演讲与听众的基本需求之间有什么关系，那么只能依赖逐步揭示你的主题与某种核心价值之间的联系来激发听众的兴趣。

比如你要做一则关于非洲文化方面的演讲，在演讲一开始，听众可能不会马上对你要谈论的非洲文化有兴趣。他们对外国文化可能不太在意，但是你可以采用两个步骤建立联系。第一步：讲一下非洲鼓方面的知识。非洲是著名的歌舞之乡，自古至今流行着各种音乐文化，有着浓郁的民族特色。探索非洲文化，音乐是最佳的途径，而鼓则是最重要的窗口，是非洲音乐的灵魂。这样听众可以明白它在非洲文化当中的地位。第二步：向听众说明世界在不断变化，他们必须了解各种不同的文化（如非洲文化），这样才能有效地和来自世界各地的人们交往，这些人的文化背景与听众的文化背景相当不同。

演讲中，要抓住听众关心的问题，不失时机地谈论他们关心的事情，比如谈论听众的目标，听众的愿望，听众的焦虑等。

西塞罗是位世界史上最优秀的演讲家之一，也是罗马的政治家，他说“引起和安抚焦虑是对一个演讲者的影响和技能的测试。”他的意思是，如果你提供给听众一种感受到的需要，一个痛点，或者对他们好处的威胁，你就抓住了注意力。

作为演讲者，抓住与听众息息相关的话题，听众才能对你有热切的期望。如果心中没有听众，仅以自我为中心，听众就会感到事不关己，而产生看表、张望等不耐烦的动作和表情。

◎ 点名道姓：提及在场听众的姓名

提及在场听众的姓名是吸引听众注意力的一个有效方法。如果你可以指出姓名，就不要用“某个人”或“一个人”，而要提及著名人物、在座的听众。

提及在场的听众的姓名

用听众切身体验的内容替换你原来的支持材料。在演讲前你往往有机会见到几位听众，以这些听众为例往往效果非常好。如果你可以说“假如某某女士的硬件公司发展非常迅速，她决定争取一笔贷款来扩大商店的规模”，为什么还要说“假设一位生意人希望得到一笔贷款”呢？

提及主持人或其他发言人

听取演讲会场主持人有哪些评论，以及在你之前其他人发表的演讲内容。这样你可以答复别人的称赞，开个玩笑，或者最好在他们的演讲内容与你的演讲内容之间建立有机的联系。比如，演讲课上一位聪明的成员可能会在演讲中补充如下内容。

现在我们已经分析了造成压力的原因，让我们看看缓减压力的四种方式。第一种是体育锻炼。几乎每个人都可以找到一项自己喜欢的运动。刚才小王告诉了我们打网球的乐趣。同样，有氧舞蹈是……

使用“你们”这个词

保持听众注意力的更加简便的办法是灵活地使用“你们”这个词：

你们可能已经看到了……

你们有时候是不是会感到奇怪……

在你们的晨报上……

现在，我敢打赌，你们在心里想着……

毫无疑问你们可以给我举出十几个例子……

在你们的这个城市……

在演讲中，有的人忌讳使用真实姓名。这些人都没有意识到使用真实姓名的必要性。尽力将演讲中涉及的主要人物的姓名和职务说出，如果不方便说出，也可用假名来代替，例如，张三、李四等一般无个性的名字，这比代词的效果要好得多。

CHAPTER 7

煽情互动：拨动听众的心弦

当众演讲不能只是演讲者一个人唱“独角戏”，而应当是演讲者与听众双方互动体验的过程。用热情去感动听众，适当地和听众套套近乎，把感情投入进去，这样的演讲一定是非常精彩的演讲，这样的演讲也一定是成功的演讲。演讲者如果能让听众感受到你的热情，那么你的演讲将会十分顺利地进行下去。

◎ 套个近乎：拉近感情距离

演讲者也许是位毫无名气威望的年轻人或陌生人，也许还是政见对立者，这样的演讲者要想使自己轻松下来，又让听众很快接受，重要手法之一就是在演讲起始处使用“套近乎”的技术，雅一点说，就是拉近感情距离的技术。这种技术并不难懂，下面举几个例子，再辅之以评议。

用亲切朴实的话打动听众

有一次，冯玉祥将军率军来到抗日前线地区的河南鲁山县，受到当地民众的热烈欢迎，并开了一个“军民联欢大会”，会上他发表了抗日鼓动演讲。冯将军在百姓心中的威望是很高的，但正因其高，让人易生敬畏。由于冯将军入场时搞得极其庄严，更增加了几分畏意。

然而，冯将军正式演讲一开场，老百姓顿时没了畏惧感，只有亲切，因为冯将军的开场白是这样说的：“各位老先生、老太太；兄弟姐妹们！各位青年学生们！全体官兵兄弟们！你们不是常听说‘老冯老冯’的吗？我就是冯玉祥。咱们耳朵里是熟人，眼睛里是生人（他用手指了指自己的眼睛），从今以后咱们眼睛里也是熟人啦！我代表国民政府，代表蒋委员长，向抗战前线的河南军民致以亲切的慰问和崇高的敬礼！（举手行军礼）”

多么亲切的称呼，多么朴实的语言！一句“从今以后咱们眼睛里也是熟人啦”，把自己与百姓听众的心理距离弥合得几乎没有。

巧妙的称呼语

1983年，曲啸被邀到监狱给一批青年犯人演讲。与这类听众“套近乎”，一般的人可能想都不往这个方向想，可他却往这个方向想了。

为了达到缩短心理距离和吸引犯人听演讲的目的，他把心思放到如何称呼这批犯人的问题上。最后，他斟酌了这样一句话：“触犯了国家法律的年轻朋友们。”

没想到，就这么一个称呼，竟然稳住了犯人的神情，不仅让犯人抬起头来专注地听他演讲，而且，近3个小时的演讲没有人借故小离现场。何以有此效果？是一句久违的、亲切温暖的“朋友们”发生了作用。

与听众套近乎的例子很多，如裴特瑞克·亨利的《诉诸武力》的演讲开头、布鲁图斯的《为自己辩》和安东尼的《为恺撒辩》的演讲开场部分都是这样的实例（见本书第十五章“优秀演讲词评点”）。形式也多样，请注意创造性地使用。

◎ 表达尊重：唤起听众的崇高感

著名心理学家诺曼·文森特·皮尔曾说：人的性格当中，都有一个共性：需要得到他人的爱和尊重。每个人的内心深处都有一份价值意识，他们希望被看重，希望维护自己的尊严。如果你伤害了这些性质，你就永远失去了这个人。因此，假如你用自己的爱和尊重对待一个人，不但能使他变得茁壮，他也会以爱和尊重回报你。

有一次，我和一位娱乐界人士参加一个节目。我对这位娱乐界人士认识并不深，但自从参加那次节目之后，我知道他颇难相处，也知道原因何在。

那天，我一直安静地坐在他旁边，等候演讲的时刻来临。“你很紧张，是吧？”他问道。

“是啊！”我回答，“每次我要站起来演讲的前几分钟，都会有点紧张。我一向尊重每位听众，也尽量不让他们失望，因此不免就会紧张。难道你不会吗？”

“没什么好紧张的。”他回答，“听众很容易爱上各种东西，他们只不过是一群笨蛋！”

“我不这么认为。”我说，“他们是你至高无上的裁判，我还是尊重他们每个人。”

后来，这个人的名气逐渐衰退，无疑，那是由于此人本身的态度所致。

这对一个准备开始演讲的人来说，是个多么大的警示。

一位学者到部队演讲，上台之后临时说了这样一个开头，“退后30年，我和你们一样，也是一个兵！肩宽体壮，走路生风，迈步作响。当过班长、排长、连长，后来阴差阳错，改行成了摇笔杆子的爬格虫，经常熬通宵，弄成这般连我都不喜欢的样子。所以，一有机会就想寻根，今天总算又回来了，请你们接受我这个没有着军装的老兵的致意……”

学者与部队战士，这是职业行当差得较远的两类人。对学者，部队战士肯定是尊重的，但那是出自理性的尊重，并非出自情感上的交融。为使理性上的尊重和情感上的融洽合为一体，这位学者利用自己和眼前战土曾有过的共同点，设计了这个开头。想想看，如果你是一个在场的战土听众，不被这段话给“融化”才怪呢！

李燕杰老师到一所部队医院为军医们做演讲，他既没有当过兵，又没有从过医，可他同样一开口说话，就把听众与自己的感情距离缩短了。上场时，见会堂里的军医听众们并没有把心思转到听演讲上来，于是，他即兴演讲了几句：“每当我看到佩戴领章帽徽的解放军，就会产生由衷的敬意；每当我看见身着白大褂的医生，就会想起‘白衣天使’四个字，并把洁白与崇高放在一起联想。这里是让我既生敬意，又生此种联想的地方……”

于是，手拿杂志书籍的人立刻合上收起，风纪不整的人马上进行衣冠整理，把注意力集中到演讲上来。李燕杰在这里使用的方法就是给听众以敬意，唤起他们的崇高感。

◎ 释放热情：把热忱传递给听众

有一次，一所大学举行演讲比赛。参加比赛的大学生约有六七名，每个人都受过良好的训练，并且准备在当天好好表现一番。但是，他们的全部精力都用于赢得那面奖牌上，却忽略了真正去说服听众。他们所选择的题目显然并非个人的兴趣，而是基于演讲技巧的发挥。因此一系列的谈话过程是演讲艺术的操练而已。

只有一位来自乡下的孩子是个例外。他演讲的题目是《土地对人类的贡献》。他所讲的每个字都充满强烈的感情，而不仅是演讲技术的操练。他所讲的都是活生生的事实，完全出自内心的信念和热忱，他好像成了农民的代表，他为自己的土地发言。由于他的智慧、高尚品格和善良的心意，他向我们传达了那块土地人民的希望并祈求我们的了解。

最终这个乡下孩子赢得奖牌。虽然他在演讲技巧上还不能跟其他两三人相比，但由于他的谈话充满了真诚，燃烧着真实的火焰。同这一比，其他人的演讲都只不过是煤气炉微弱的火苗而已，真是天壤之别。

假如演讲人在介绍自己的观念时能更加富有感性，并把自己的热忱传递给听众，通常是不会引起对立看法的。这种热忱会把一切否定和对立的观念扫至一边。假如你的目标是在说服听众，一般地，鼓励大家的情绪要比引发思考有用得多。情绪要比冷静的思维更具威力。要想把群众的情绪鼓励起来，演讲人必须把自己的热情传递给听众。无论演讲者的演讲是否虚构，无论演讲者的内容是否东拼西凑，无论演讲者的声音与手势是否运用得当，如果演讲者讲得不够真诚，一切就都显得空洞而虚有其表。演讲者要想给听众留下一个好的印象，必须先给他人留下好印象。演讲者的精神通过眼睛发出光芒，通过声音释放热情，也经由一举一动展现自己，与听众直接沟通。

每次演讲者开口讲话，则演讲的所有表现都会影响对方的态度。假如演讲者表现得不起劲，那么你的听众也不会起劲；假如演讲者的态度随便或不够包容，那么听众也如此。亨利·华德·毕齐尔曾说过：“假如教徒在听道的时候睡着了，只有一样事情可以做——给教堂管理员一根尖细的木棒，要他马上给传道人戳上一记。”

◎ 撩拨情感：激起听众的共鸣

李莹洁在《我愿做一支燃烧的蜡烛》的演讲中就有一段撩拨情感的话：

“有位郭老师在上课时经常跑厕所，直到医院通知学校，大家才得知他患膀胱癌已到晚期。临死时他说：‘我不能请假啊！大家都忙，我落下的课，什么时候补啊！’”

听了这段话，听众心灵受到极大震撼，心悦诚服地听演讲人说下去，并把情绪体验投射到下面的议论里：

“没有一句豪言壮语。郭老师不是党员，也不是劳模，死后没有也不可能追授任何称号，然而他却尽到了一个教师的责任，为了自己的追求，他做出了最大的奉献。”

听众的情感世界包含着亲情、爱情、故乡之情，对丑恶的愤怒之情……人们都有喜怒哀乐的情感经历，甚至备尝大喜大悲、生离死别的情味。在某种社会背景下或在某些事件上，大众会有情感上的共同性。只要触动听众的情感，就能引起共鸣，加强气氛，并使听众在投入感情之后，其理智也随之积极参与。

◎ 由近及远：以前排听众为突破口

李大钊有一次到某所大学演讲，大学生们早已正襟危坐等在下面。本来主持人为他准备了桌子、椅子和热茶，他要主持人把这些东西全部搬走，并说："同学们这样热情来听我的演讲，我希望我的演讲一开口就能走进大家的心田，我们之间不能有任何隔阻。大家说对吗？"台下响起热烈的掌声。李大钊走向学生，与他们基本上站在一起，抚摸着前排一位同学的肩膀，热情洋溢地开始了演讲。

在一些特殊的情况下，由于没法事先了解听众、分析听众，演讲只能在陌生的听众面前进行。陌生听众一般对你有戒备的心理，具有明显的排他性，他们合作的诚意不大，因为他们不认识你。

这时演讲者就要寻找突破口，取得听众的支持，得到听众的认同。前排那部分听众就是最好的切入口，这是因为：

前面那部分听众离你近，对你容易产生同情心，比较容易理解你、支持你。

前面那部分听众比较认真，他们是真正来听你演讲的，他们希望能从你的演讲中学到东西。而后排听众可能是不得已才来的。

前面那部分听众可能个子矮，或者年龄小，或是老人和女人。因此，他们往往容易受到演讲者情绪的影响，容易跟着演讲者的思路走。

因此在开始一段时间，演讲者可以运用亲切的表情、柔和的目光、轻松的微笑与前面那一部分听众交流。可讲些幽默的故事、逗人的笑话引出前面那一部分听众的笑声，煽起他们的感情，以至传到后面，传到全场。

◎ 现场交流：彼此说说心里话

在座的同学们，听了这个故事，你们是否想到，那两位老人辛苦了一生，很可能没见过什么冰箱、彩电，但他们却拿出自己积攒的钱修路，让国家把钱花在更有用的地方。也许，他们省下的钱就在供养着你和我，供养着我们这些大学生——时代的宠儿！当我们按月领取奖学金的时候，我们是否想到这样的老人？想到他们期望的目光和那淳朴的心愿呢？

这是一个大学生在题为《生我是这块土地》的演讲中说的一段话。演讲者在转述一个同学告诉他的关于两位老人卖开水攒钱捐助修路的事迹之后，一下子把视点投放到演讲的现场中来，通过运用设问的方式同听众直接交流，表现了当代大学生的社会责任意识和时代奉献精神。这种现场交流的意向，无疑促进了演讲者的情感投入，并取得了强烈的演讲效果。

演讲是一种交流，只有把演讲当作向听众倾诉自己思想感情的现场交流，演讲者的情感才会自然投入到演讲中去。

◎ 置换角色：自己当一回听众

面对英雄的鲜血，我陷入了沉思。假如我是司机或售票员，目睹歹徒持刀抢劫，我会做出什么反应呢？也许我会用手紧紧捂住自己的钱包，颤抖着等待灾难的降临；也许我会出于求生的本能，不得已迎着歹徒带血的匕首，奋起一搏。但无论怎样，我可能不会像烈士那样，在自己受到威胁的情况下，为了全车乘客的安全而同歹徒进行殊死的搏斗，这就是英雄受到人们崇敬和怀念的重要原因。任何一个怯懦者和苟活者直面勇士的壮举，难道不感到愧疚和不安吗？

这是一个职工在题为《正义与邪恶的较量》的演讲中说的一段话。演讲者在叙述了一辆长途客车的司机和售票员为了保护乘客的安全而被持刀抢劫的五个蒙面歹徒残酷杀害的事迹之后，变化了叙述角度，通过假设把自己置换到死者的角色定位上进行心理解剖和审视，这就一下子触发了情感的投入。最后一句反问，既是对懦夫的谴责，也是对自己的忏悔，产生了强烈的情感震撼力。

在以叙述他人事迹为主的演讲中，演讲者可以把自己置放于被讲对象的地位上去，设身处地去体察人物的思想情感。这样，心理角色变了，切身感受有了，演讲者的真实感情也就自然投入进来了。

◎ 创设情境：让听众身临其境

他是我们的室主任，叫周连弟。那天，从医院传来了消息，他因身患癌症，已经到了生命的最后时刻。临终前，他用暗淡无光的眼睛，注视着站在床前与他相伴多年的同事。领导俯身问他："你还有什么要求吗？"他举起微微颤抖的手臂，握着战友的手，用那极其微弱的声音说："此生我无所遗憾，无所要求，只请组织批准我，在我死后给我穿上军装，让我穿着军装走吧！"

这是一个女军人在题为《军装是一面旗帜》的演讲中说的一段话。演讲者在抒发了"一生着绿色军服"的自豪和骄傲之后，讲述了一位国防战线的老科技工作者病逝前请求组织批准自己死后穿上军装的现实情景。描述这样的现实情境，听众怎能不受到感动，又怎能不在感动中跟随演讲者的思路，一步一步进入演讲者所描绘的情境中呢？

心理学研究表明，现实情境能够以他人事迹的激发性和场景的真切感自然引起演讲者的情感活动，所以高明的演讲者特别善于通过创设现实情境来刺激自己的心理反应，从而使情感投入达到以感染听众的目的。

◎ 激发参与：赋予听众参与感

演讲过程中，要设法赋予自己的听众一种积极参与而不是被动接受的角色。即使演讲时是你一个人在说话，你仍然可以激发听众产生一种互动的感觉。采用听众参与的办法，合适的话可以请他们举手，请他们举例，请他们回答问题。

比如：在座的各位有多少人今天吃了早饭？啊，我看见你们大约有一半人举起了手。这位朋友，你吃了什么？猪肉加鸡蛋。那边那位，你吃了什么？咖啡和面包圈。我听到还有果汁和烤肉、奶昔、奶酪和酸奶。有没有人考虑过这个问题——不吃早饭就去上学的小学生占多大比例？

如果你不希望放弃自己的主导地位，或者出于其他原因使听众开放式参与显然不切实际，你仍然可以使听众保持在思想上积极参与：提出反问，请听众在脑海中设想你举的例子，观察他们的非语言反馈并做出答复。比如：

我有一位同事，他总是在不合适的时间和地点来拜访我。你们有没有一些熟人属于这一类？有几位在点头。这种感觉是不是非常令人不快？

我们可以从错误中学到东西。想一想你上次犯了什么错。稍微花点时间回想一次严重的错误。还记得吗？好。现在回想一下自己当时的心情。

◎ 设置角色：让听众当演员

演讲是有演有讲的一种活动。如果能够运用戏剧舞台的表演技巧，把听众吸引到演说词的情境中去，让他们扮演其中的某个角色，或者干脆指定一两个听众，临时当个帮手，这对加强听众的注意力，提高其兴趣，是一个上乘之法。

曾有一个演说者，想要向听众说明从踩刹车到车子完全停止之间的行车距离。这个问题仅靠演说者的话，往往是极抽象枯燥的。所以这位演说者就请一位听众站起来，协助他说明车距与车速的关系。被指定的听众拿着卷尺站在台上，按着演讲者的解释前进或后退。看到这个情况，相信演说所要表达的论点一定已深入人心。那卷尺不仅具体表现了演说者的观点，同时也成为了与听众沟通的桥梁。

为达到让听众扮演一个角色的效果，最常用的方法之一就是向听众提出疑问，启发他们去思考回答。通常，演讲者会先让听众重复一遍自己的话，或者要他们举手回答提问。《富有幽默感的作文与说话》的作者巴西·H.怀汀一再强调：“要让听众直接参与表决，或让听众帮助你解决问题”，并且认为：“要有正确的思维方向，如果你用背诵讲稿的方式去演说，则所得到的听众反应必定不会强烈，应把听众当成你共同事业的合作伙伴。”

CHAPTER 8

魔力说服：这样说听众一定听

演讲的宗旨在于让听众明白并接受你的思想和观点。要想有效地说服听众，就要做到言之有理，言之有物，说话轻松自然，循循善诱，而且能够忍耐，讲究沟通交流之道。

当众演讲说服听众要讲究一定的技巧。如果能把劝说的动机隐藏起来，重点安排有说服力的内容，把问题说到点子上，慢慢渗透，步步为营，这样的说服能不成功吗?

◎ 深藏不露：把劝说动机藏起来

古希腊有个神话，说宙斯给潘多拉一个盒子，盒子里面装着这个世界所有的罪恶和苦难。宙斯告诉她绝对不能打开。潘多拉很好奇，越是不让打开，她就越想打开盒子，看看里面到底装了什么。结果她打开了盒子，放出了世界上所有的罪恶。

这种心理在现实生活中确实存在，越是禁止的东西，人们越感兴趣，越难得到的东西，也就越显得珍贵。为什么会有这种现象呢？心理学家认为：人类有一种探究的本能，遇事都想知道个究竟，以揭示其奥秘。就是这个本能激发了人们的好奇心，驱使人们去解开事物的真相。

利用这个道理，在演讲中要说服别人时，为了增强信息的影响力，就需要把劝说动机巧妙地“隐藏”起来，让被劝说者感到“意外”地获得了劝说的信息，可有效地增加信息的可信度。

在改变人们的态度时，也可以根据逆反心理的特点，把某种劝说信息以不宜泄露的方式表达给被劝说者，或者以不愿让人们多得的方式出现，就可能引起人们对这一信息的重视，使他们毫不怀疑地接受它。

有时候耳语也能起到这样的效果，喃喃细语是富有情趣的。你看恋人只有在很甜蜜的时候才会肩并肩地窃窃私语，吵架的时候绝不会如此。劝说他人也是如此。我国有个成语叫作“促膝长谈”，意思就是靠在一起说知心话。坐在一起面对面和风细雨地谈，比站着喊更能让人感到亲切。如果你说话的声音由于情感的融合而逐渐变小，那么心理的交流也就会逐渐顺畅，两个人的心灵沟通了，劝说自然也就容易起来。

◎ 正话反说：巧妙点拨听众

明武宗时，秦藩请求加封陕边地，而此地在战略上十分重要，与国家社稷的关系更是紧密相连，但是皇上受人撺掇，已经同意了，叫大学士们起草一个加封的诏书。梁文康承命起草了这份诏书，他巧妙地采用正话反说的方法表达了劝阻皇帝、改变封地的意见。

他写道：“过去皇太祖曾诏令说：‘这块土地不能封给藩王，不是吝啬，而是考虑到它的地广物丰，藩王得到后一定会多养士兵马匹，也一定会因富庶而变得骄纵。如果此时有奸人挑拨引诱，就会行为不轨，有害于国家。’现在藩王既然恳请得到这块土地，那么就加封给你吧！一旦得此地之后，不要在此收聚奸人，不要在此多养士兵马匹，不要听信坏人挑唆，图谋不轨，扰乱边境，危害国家。否则，那时想保全自己的妻子儿女都不可能了。请藩王在此事上慎之又慎，不要疏忽。”

皇上看到诏书很忧虑，觉得不把此地封给藩王为好。梁文康在这里运用了巧妙的说服战略，从而阻止了土地的滥封。

这虽是个历史故事，但用在演讲中同样适用。在演讲中要说服听众时，与其喋喋不休地进行劝说，不如通过巧妙的方法进行点拨。前者令人生厌，效果甚微；后者巧妙而简洁，收效也很显著。

◎ 寓刚于绵：硬话柔说暖人心

冯玉祥当旅长时，有一次驻防四川顺庆，恰巧另外一支“友军部队”也在附近驻扎。“友军”将骄兵惰，官长上街都穿着黑花缎子马褂、蓝花缎子袍子、青缎的刺花云子靴，在街上摇摇摆摆，像当地的富家公子一样。这同素朴而纪律严明的冯部军队形成了鲜明对照。有一天，冯将军听到这样的报告：“我们的士兵在街上买东西，第四混成旅的兵见到了，就讥骂我们，说我们穿得不好，骂我们是孙子兵。”冯闻之，只是淡淡一笑，说：“由他们骂去，有什么可气的，不要理它。”但见官兵余怒未消，他感到有可能出乱子，便立即集合全体官兵，做队前讲话：

“刚才你们来报告，说第四混成旅的兵骂我们是孙子兵，听说大家很生气，可是我倒觉得他们骂得很对。按历史的关系说，他们的旅长曾做过二十镇的协统，我是二十镇里出来的，你们又是我的学生，算起来你们不正是差两辈吗？他们说你们是孙子兵，不是说对了吗？再拿衣服来说，缎子的儿子是绸子，绸子的儿子是棉布，现在他们穿缎子，我们穿布衣，因此他们说我们是孙子兵，不也是应当的吗？不过，（语调提高）话虽这么说，若有朝一日开上战场，那时就能看出谁是爷爷，谁是真的孙子来了。”

几句话把官兵们讲得大笑起来，而且怒气全消。

这篇演说词通篇不见驳，却句句是驳；通篇不见斥，却句句是斥；没有说教，却令人深受教育。寓刚于绵，寓蔑视于诙谐，寓教于趣，欲抑先扬，层次分明，语言通俗，疏通了士兵郁闷的心结。演讲者虽不直言叙意，然而听者个个明其理；判断性的结论讲者不说，听者却个个都可做出：是否是孙子兵不取决于穿着，而在于能否打胜仗或是否能征善战。

◎ 曲径通幽：绕个弯儿去劝说

在演讲说服别人的过程中，若既不能速战速决迅速找到最佳突破点，又无法正面与其交锋打消耗战，那么不妨绕绕弯，曲径通幽，曲线救国。

公元前265年，赵国的赵太后刚执政不久，秦国就发兵前来进攻。赵国求救于齐国。齐国提出必须以赵太后的小儿子长安君作为人质，才肯发兵相救。但是赵太后舍不得小儿子，坚决不允。赵国危急，群臣纷纷进谏。赵太后依旧坚决地说："从今日起，有谁再提用长安君当人质，我就往他脸上吐唾沫？"大臣们便不敢再多说什么。

有一天，左师触詟要面见赵太后，赵太后认为触詟一定是为了劝谏而来，于是她便摆开了吐唾沫的架势。不想触詟慢条斯理地走上前，见了太后、关心地说："老臣的脚有毛病，行走不便，因此好久未能来见太后，我担心太后的玉体，今天特地来看望。最近太后过得如何？饭量没有减少吧？"

太后答道："我每天都吃粥。"触詟又说："我近来食欲不振，但我每天坚持散步，饭量才有所增加，身体才渐渐好转。"

赵太后听触詟不提人质的事，怒气也渐渐消了。两人于是亲切、融洽地聊了起来。

聊着聊着，触詟向赵太后请求道：

“我的小儿子叫舒祺，最不成才，可是我偏偏最疼爱这个小儿子，恳求太后允许他到宫中当一名卫士。”

太后赶紧问触詟：“他几岁了？”

触詟答：“十五岁。他年岁虽小，可是我想趁我在世时，赶紧将他托付给您。”

赵太后听到触詟这些爱怜小儿子的话，深有同感，便忍不住与他闲谈。

太后说：“真想不到你们男人也疼爱小儿子呀？”

触詟说：“恐怕比你们女人更爱小儿子。”

触詟见时机已到，于是把话题深入一步，说：

“老臣认为太后爱小儿子爱得不够，远不如太后爱女儿那样深。”太后不同意触詟的这个说法。

触詟解释道：“父母爱孩子，必须为孩子作长远的打算。想当初，太后送女儿远嫁燕国时，虽然为她的远离而伤心，可是又祈祷她不要有返国的一日，希望她的子子孙孙相继在燕中为王。太后为她想得这样长远，这才是真正的爱。”

太后信服地点了点头。触詟接着说：“太后如今虽然赐给长安君许多土地、珠宝，但若不使他有功于赵国，太后百年之后，长安君能自立吗？所以我说，太后对长安君不是真正的爱护。”

触龙这番话说得赵太后心服口服，同意给长安君准备车马、礼物，送他去齐国当人质，并催促齐国出兵。而齐国也很快就出兵解了赵国之围。

触龙说服赵太后的方法，便是运用曲径通幽、以迂为直策略的典范。这一说服方法也可用于演讲中。演讲者不直说或不明说自己的意识，而是巧用“曲径通幽”或“歪打正着”的方式来说话，在毫不损伤听众面子的情况下，说出你的观点，一举令听众折服。

◎ 步步为营：循序渐进地诱导

有一天，卡耐基突然同时接到两家研习机构的演讲邀请函，一时之间，他无法决定接受哪家邀请。但在分别与两位负责人洽谈过后，他选择了后者。

在电话中，第一家机构的邀请者是这样说的：

“请卡耐基先生不吝赐教，为本公司中小企业管理者传授说话的技巧。由于我不太清楚您所讲演的内容，就请您自行斟酌吧。人数估计不超过一百人……万事拜托了。”

卡耐基认为，这位邀请者说话时平淡无力，缺乏热忱，给人的感觉，便是一副为工作而工作的态度，让人感受不到丝毫的热情，也给他留下相当不好的印象。

此外，对方既没明确地提示卡耐基应该做什么、要做到什么程度，也没有交代清楚听讲人数，叫他如何决定演讲内容呢？对此，卡耐基自然没有什么好感。

而另一家机构的邀请者则是这样说的：

“恳请卡耐基先生不吝赐教，传授一些增强中小企业管理者说话的诀窍。与会的对象都是拥有50名左右员工的企业管理者，预定听讲人数为70人。因为深深体悟到心意相通的时代离我们越来越远，部属看上司脸色办事的传统陋习早已行不通。因此，此次恳请先生莅临演讲的主要目的，是希望让所有与会研习者明白，不用语言清楚地表达出自己想法的人，就无法成为优秀的管理人才。希望演说时间控制在两个钟头左右，内容锁定在：（1）学习说话技巧的必要性；（2）掌握说话技巧的好处；（3）说话技巧的学习方法这三方面，希望能带给大家一次别开生面的演讲。万事拜托了。”

卡耐基明显感觉到这家机构的邀请者明快干练、信心十足，完全将他的热情毫无保留地传达给了自己。更重要的是，对方在他还没有提出问题的情况下，就解答了所有的疑问。因此，在卡耐基的脑海里立刻浮现出自己置身讲台的情景，并很快就能够想象出参加者的表情，以及自己该讲述的内容等。显然，这种邀请方式很能带给受邀者好感。

显然说服别人是需要一定技巧的。其中最重要的是依循一定的步骤。像行军打仗一样，步步为营，才能稳中求胜，也易形成排山倒海的气势。

◎ 摆出事实：事实胜于雄辩

“嘴上无毛”就一定“办事不牢”吗？古今中外许许多多军事活动家，恰恰都是在风华正茂时，建立起了了不起的功业的。民族英雄岳飞20多岁带兵抗金，当节度使时才31岁。其子岳云12岁从军，14岁打随州率先登城，成为军中骁将，20岁时就当了将军。曾经统率大军席卷欧洲大陆的拿破仑，从巴黎军事学院毕业时不过是炮兵少尉；法国大革命时参加革命军，1973年率部在土伦战役中击溃保皇复辟势力，被晋升为少将时才24岁；统兵攻打意大利，不到30岁即当了东线和南线的指挥官；独当一面，任国防部长时才40岁。在我国军队里，多数老帅不也是在二三十岁时就当了师长、军长、军团长以至于方面军总指挥了吗？可见“嘴上无毛”与“办事不牢”之间没有必然联系，关键是有才与无才。套用一句古话来说：“有才不在年高，无知空活百岁。”

在这篇演讲中，演讲者为了论证“嘴上无毛未必办事不牢”这样一个观点，先后引用了岳飞、岳云、拿破仑等多个少年有为者的事例，以确凿而充分的事实证明了年龄与才能之间没有必然的联系，对听众很有说服力。

事实胜于雄辩，引用确凿的事实来证明自己的理论观点是最直接、最有效的方式之一。演讲者引用的事例越具体、越全面，对于理论观点的证明就越有力，理论观点本身也就越能够说服听众。

◎ 陈述理由：以道理折服听众

理由是说服人的关键，也是根本，因此我们在说服别人的过程中最具说服力的方法，就是强调最大最关键的理由。找到了理由我们还要做到以理服人。

“演讲”就是围绕一个话题旁征博引，陈述有说服力的理由，全面充分地论述自己的观点，以达到使人接受这个观点的目的。

著名演讲家李燕杰在演讲中，通过肖邦、贝多芬、屈原、文天祥和某华侨的故事说明祖国的神圣和爱国主义的崇高，又通过对中国地理和历史文化的分析让听众感到祖国可亲、可爱，材料充足，说理充分，产生巨大的说服力。

在谈爱国之心时，他先从国外说起，“在肖邦看来，祖国的泥土比金子还要宝贵，而肖邦这颗爱国的心胜过纯金。从祖国的一瓶泥土，到肖邦的这颗心，这里包含着一个爱国音乐家对祖国的挚爱与热爱”。对于贝多芬，他说：“以他那爱国主义的美好心灵和那一系列不朽的乐章，在亿万人民的心目中，耸立起一座非人工的纪念碑。”谈爱国诗人屈原时说道：“如此众多的国家都缅怀纪念屈原，就因为屈原有一颗炽热的爱国之心。”同时，他还举了文天祥和现实生活中一些活生生的例子。

李燕杰正是以他的“充分理由”法，使他的演讲吸引千百万的听众。他在一次报告上说，“谁不同意我的意见，你可以走”，结果全场没有一个人走。可见，他的演讲多么有说服力。

俗话说，理是则心服。这里还应注意一点，即说理要尽量真实、具体，切忌虚假臆造事例。只有这样，才能为听众所接受，使听者无可辩驳，真正信服你的观点。

◎ 引用名言：让名人帮你说服

如何培养沉默性与坚定性呢？我以为必须“知道限制自己”（黑格尔），“哪怕对自己的一次小小的克制，也会使人变得强而有力”（高尔基）。苏联著名教育家马卡连柯说：“假如你的孩子仅仅受到实现自己愿望的训练，而没有受到放弃和克制自己某种愿望的训练，他是不会有巨大的意志的。没有制动器就不会有汽车。”我是十分欣赏这句名言的。没有制动器，汽车就会像脱缰的野马，随时都会堕入死亡的深渊。马卡连柯正是从这个意义上来阐述“克制”的重要性的。人若没有“制动器”，后果也一样。学校是育人成才的地方，学校也必须安装“制动器”。《中学生日常行为规范》《渤海造船厂一中学生规矩50条》多是以否定词“不”的形式出现的，它们是在场各位同学成才的“制动器”，你们要熟悉它们，遵守它们，不能走样。只有得心应手地使用这些“制动器”，自觉接受限制，你们才会获得真正成才的自由。

陈志雄在这篇论述《青少年要有扎实的心理素质》的演讲中，先后引用了黑格尔、高尔基、马卡连柯三位名家的言论，用来阐述培养沉默性与坚定性的方法。演讲者的观点就是从这三位名家的言论中提取出来的，既对已有的理论做了进一步的阐发，又使自己的观点因为名家的言论而增加了说服的力量。

无论演讲者阐发的观点多么的标新立异或超常脱俗，其实都是或多或少地被历史上的名家论述过的。名家的话永远闪耀着智慧的光芒，而名家所具有的影响力也是恒久存在的。演讲者应抓住听众内心深处的从上心理，恰当地引用名家权威的论述，让它们服务于自己理论观点的论证，加强演讲的说服力。

◎ 分析利弊：向听众晓以利害

在美国，当初刚推广核电站时，曾发生过一场激烈的争论。一些专家认为建核电站是最廉价而安全的发电方法。另一些专家则坚决反对，认为一旦出事故会造成成千上万人的死亡，而社会上很多民众一听到“核”就联想到那可怕的“蘑菇状云”和核辐射，很自然地站在反对派的行列中。面对这一情况，主建派调整了方法，决定不在理论上纠缠，而用简单的数字说明问题。他们说，在美国几十年的核能发电实验史上，从未出现过事故。即使今后出现“万一”，造成死亡，也比用其他发电方式致死的人少得多。据福特财团的研究，假定某核电厂每百年发生一次重大事故，可能当场会有1万人死亡，随后有1.5万人丧生；但比在同样时间燃煤发电所造成的死亡（包括煤矿及运煤事故）要少。在美国，平均每年有140万人因煤矿意外事故丧生。如此换算一下，用原子能发1000亿瓦特的电只牺牲两名采铀矿工，而用燃煤发电要牺牲的煤矿工人则是179人。只因为煤矿事故比较常见，地点、时间又比较分散，所以人们不会产生恐惧心理。通过这些对比，说明原子能发电大大优于燃煤发电。于是大多数公众又转而赞成建站。主建派最终获得胜利，核电站也就在美国和全世界风行起来。

这是一篇向听众论述发展核电站的价值与前途的演讲。针对社会上的民众对于“核”的浅层理解和偏见，演讲者把核能发电与火力发电加以比较，估算核能发电可能带来的效益和损失，把这个结果和燃煤发电加以权衡，结果得出了核能发电更为优越的结论。这样的论证方法更容易使听众接受自己的论点。

在很多情况下，表面化的事实并不能作为正确结论的依据，而人们恰恰容易被这些表面化的事实所迷惑，从而轻率地做出判断。演讲者应当善于以发展的眼光看问题，分析事物发展的趋势和必然结果，用结果的利与弊来说服听众，使他们最终做出正确的判断与选择。

◎ 活用数据：数据就是说服力

A：“假如各位接纳我的提议，则公司每个月至少能节省67453750元的开支。”

B：“假如各位接纳我的提议，则公司每个月至少能节省67453750元的开支。从另一个角度来说，倘若这项节省下来的开支，能以加薪的方式平均分配给公司的每位成员，则每个人每个月的工资将增加3500元。”

上面的第一种数字陈述方式若能改为第二种陈述方式则其影响力将显著加大。

我们生活在数字的世界里，每天所见、所闻与所思的一切，几乎没有不涉及数字的。因此，我们也许对数字或多或少地产生麻木或厌烦的感觉。其实，这样的感觉是很自然的，因为数字只是代表事实的一种符号，而非事实本身。在说服他人时运用数字，要留意下面两个要领：

第一，除非必要，否则不要随便提出数字。你抛出的数字过多，不但会令对方感到纳闷而关闭心扉，而且也会令听众觉得你没人情味，因为你所关心的只是冷漠的数字。

第二，要设法为枯燥的数字注入生命，这就是说，要让数字所代表的事实，能成为一般人生活经验中的一部分。只有这样，人们对数字才感到亲切，也才能产生兴趣。

CHAPTER 9

精彩收尾：再掀听众感情的波涛

结尾是演讲内容的自然收束，是演讲稿的有机组成部分，万万不可忽视。有的演讲者在结尾处要么草草收兵，要么画蛇添足，要么采用陈词滥调的套话，这些都会使听众感到索然无味，使前面的演讲功亏一篑。

做文章，有“凤头”“豹尾”之说，对于一篇演讲稿，道理也是相同的。演讲的结尾收束应该像虎豹之尾那样，刚劲有力而又斑斓多彩，给人鼓舞，耐人寻味。

◎ 概括结尾：总括全篇，强化主题

演讲结束语最常用的方式，就是用极其精练的语言，总结收拢全篇的主要内容，概括和强化主题思想。这种结尾，扼要地总结演讲内容，能起到提醒、强调的作用，给听众留下完整的总体印象。除非演讲非常简短，否则建议你在结尾中清晰陈述你的主题和主要思想。

演讲者在演讲中，为了阐述自己的观点和主张，往往利用一切手段，从正面、反面和侧面等各个方面来进行分析和论证。到了结尾处，就应总结全篇，突出重点，深化主题。这不仅帮助健忘的听众回忆了前面所讲的内容，而且也能给听众留下完整而深刻的印象，使整个演讲显得结构严谨，一气呵成。

例如，莎士比亚的名著《凯撒大帝》一剧里，伯鲁特司对市民演讲他刺死好友恺撒全是为国为民的结尾，就用了总结全篇的方法。“临了，我要告诉诸君一声：因为罗马帝国，我不得不刺杀我的好友凯撒，刺死凯撒的便是我，便是这把短剑。假使他日我的行动和凯撒一般，请诸君就用这把短剑来刺我吧！要是大家的行为，也有和凯撒一样的，那么这把短剑，终是不肯饶过你的。请诸君认清这把短剑，请诸君认清卖国贼，认清爱国的好汉。”伯鲁特司的结尾不过短短十几句话，却完全包括了他整个演讲的意思，而且表现出他的热情。

《世界也有我们的一半》的结尾：

……听听我这个没当成的女者的心声吧：

“我相信，女性是伟大的！

我也相信，男性是伟大的！

我更希望我们都相信，伟大的男性和伟大的女性加起来才是伟大的人民！

他们的自信、自尊、自爱焕发出来的巨大搏力才是伟大的文明！”

这个结尾恳切、热情、概括，点化主旨，给听众留下了清晰、完整而又深刻的印象。这类结尾，虽然基本上是在重复已讲过的话，但因强调和突出了中心、重点和主旨，强化了印象，因此，演讲所发出的信息最大限度地进入了听众的心灵。

◎ 照应结尾：首尾呼应，浑然一体

与开头意愿重合但又在意境上高出开头的结尾形式，称为回应开头式。这种结尾与开头呼应的方法，使整篇演讲首尾圆合，结构完整，而且也能锦上添花，给听众留下完整而深刻的印象。

《井下工有颗金子般的心》的开头是这样的：

“你了解井下工吗？井下工，顾名思义，是在矿井下作业的工人。这是当前最危险的工种……他们不仅承受了人们的种种误解，还以自己有力的臂膀擎起了整座矿山！可以自豪地说：在我们招远金矿，有多少井下工，就有多少颗金子般的心！”

接着，讲述了三个生动感人的事例，歌颂了矿工无私无畏的奉献精神。最后，是这样结尾的：

“朋友们，黄金是宝贵的，比黄金更宝贵的是井下工那颗颗金子般的心！如果我们的整个社会、行行业业的每个人都能在自己的岗位上竭诚尽力，无私奉献，那么四化何愁不成……”

最后，用一句既是祝福也是希望的话作为结尾：

愿我们都有一颗金子般的心！

这篇叙事件演讲，题目很“实”很“俏”，开头、结尾处处照应，首尾圆合，增强了演讲的鼓动力和激奋力。

值得注意的是，使用呼应式的结尾，不应与开头简单地重复，而应加深主旨，耐人寻味。

◎ 号召结尾：慷慨激昂，振奋人心

用提希望或发号的方式结尾。这种结尾是演讲者以慷慨激昂、扣人心弦的语言，对听众的理智和情感进行呼唤，或提出希望，或发出号召，或展示未来，以激起听众感情的波涛，使听众产生一种蓬勃向上的力量。如演讲稿《一位纪委书记的“小家”和“大家”》结尾就是用提希望的方式：

同志们，朋友们，我们正处在一个伟大变革的黄金时代，经济的发展，国家的富强，民族的振兴，需要全体人民的艰苦奋斗，特别是共产党人的模范带头作用。如果每一个共产党员都能正确处理好“小家”和“大家”的关系，严格地按党性原则要求自己，用党的纪律约束自己，用党旗下那神圣的誓言激励自己，那么我们党的形象将会更加光彩照人，我们党将会更加坚强伟大！

这种结尾的方式是演讲者用深刻的认识和独到的见解向听众提希望，发号召，能使听众，精神为之一振，具有动人情、促人行的作用。

◎ 决心结尾：激情奔放，催人奋进

以表决心，发誓言的方式结尾。这种结尾感情饱满，态度鲜明，激情奔放，有助于坚定听众的信念，增加演讲的感召力。如演讲稿《无愧于伟大的时代》：

同学们，让我们高举起“五四”的火炬，弘扬民主与科学的精神，把爱国之情、报国之志化为效国之行，用我们的热血和汗水、青春和智慧，甚至是生命，向我们的先辈和后代，向我们的祖国和民族呐喊：我们将无愧于伟大的时代，无愧为中华民族的炎黄子孙！我们将无愧为跨世纪的中国人！谢谢！

这种结尾言简意赅，语言真切，充分表达了演讲者鲜明的立场和坚定的决心，从而有力地鼓舞着广大听众朝着这一目标奋进。

◎ 祝贺结尾：句句真情，感人肺腑

诚挚的祝贺和赞颂本身就充满了情感的力量，最容易拨响听众的感情之弦，产生和谐的共鸣。所以，用祝贺或赞颂的言词结尾，能造成欢乐愉快、热情洋溢的气氛，使人在愉快中增加自豪感和荣誉感，激励人们满怀信心去创造未来。

如《在迎新茶话会上的演讲》的结尾：

最后，在春节即将到来之际，我向全市的父老兄弟，姐妹们拜个早年。祝老年人春节愉快、身体健康、寿比南山！祝中年人春节快乐、家庭幸福、事业成功！祝年轻人春节欢乐、爱情甜蜜、前程无量！祝大家年年幸福年年富，岁岁平安岁岁欢！

人一般都喜欢听赞颂的话，因此，相互之间的赞颂成了人们交往的最好手段。通过这些赞颂的话，会场活跃的气氛可达到一个新高潮，讲者和听者的关系变得更融洽了。这样，讲者的思想便给听者留下了一个满意的印象。但要注意演讲者在说这些赞颂的话时，不要过分的夸张和庸俗的捧场，否则听者就会认为你有哗众取宠之嫌。

◎ 点题结尾：强调主题，振聋发聩

用重复题目的方式结尾。演讲的题目或标题是演讲的重要组成部分，是最具个性和特色的标志。在演讲结束时，如果重复题目，再一次点题，那么，就能加深听众对演讲的印象，使听众产生强烈的共鸣。如演讲稿《我爱长城，我爱中华》的结尾就是用点题式：

雄伟啊长城，伟大啊中华！我登上崇山峻岭的高峰之巅，我站在万里长城耸入云端的城楼之上，我昂首挺立在世界的东方，在祖国的山川大地，向世界的大洲、大洋，向天外的星球宇宙，纵声呼喊："我爱长城！我爱中华！"

这种结尾方式，既表达了主题的需要，同时又对听众产生振聋发聩的冲击力。

◎ 抒情结尾：借景抒情，鼓舞人心

抒情式结尾常常是演讲者在叙述典型事例和生动事理后，油然而生的激情，或是触景生情、借景抒志。以抒情方式结尾，言尽而意未尽，留有余韵，给人启迪。

例如，郭沫若的《科学的春天》的结尾：

“春分刚刚过去，清明即将到来。‘日出江花红胜火，春来江水绿如蓝。’这是革命的春天，这是人民的春天，这是科学的春天！让我们张开双臂，热烈地拥抱这个春天吧！”

这样的结尾热情奔放，以诗一般的抒情语言激励人们向科学进军，拥抱科学的春天，具有很强的鼓动力。

有位钢铁大王的助手在美国某协会演讲中最后说：“我们州应该领导促进新时代的降临。我们州是钢铁出产最多的区域，是世界最大铁路公司之母，是农产最富诸州的第三位，再没有其他州比其前途更远大，比其领导全国的机会更灿烂的了。”

他最后的几句话使听众感到高兴、乐观，因而可激发他们的热情。但是这种结束法若想有效，态度必须诚恳，不要谄媚，不可过分，如若不够诚恳，不是发自内心，便将显得虚伪，听众便不会真心接受。

演讲结尾时如能巧妙地借用当时的景物来抒情表志，也可助自己一臂之力。

一次，某县委在县大会议室举行副局级干部竞聘演讲会。那天天很阴，当诸葛洪钢竞聘教育局副局长的演讲就要到尾声的时候，外面电闪雷鸣，几乎淹没了他的声音。他稍停顿了一下，指着窗外说：同志们，听着窗外响起的阵阵春雷，我的心中不由得一震，是啊，我们的屋内不也是春雷滚滚吗？干部聘任制度改革的春雷正在我们这块天空上震响，在这场竞争中也许我只是一个过客，但我要张开双臂，为春雷春雨的到来而欢呼！

他巧借突如其来的天气变化来抒发自己的情感，比起那些背稿的演讲者来显然棋高一筹。他的讲话激起了如雷般的掌声。会后人们还对他的机智赞不绝口。

◎ 幽默结束：余音绕梁，三日不绝

精彩的结尾能使整个演讲的内涵和风采骤然升格。而巧妙地运用幽默更能使人体味到十足的美感，给人留下深刻的印象。

一次，“戴维斯杯”网球赛结束后，云南省体委在昆明滇池湖畔的国家体育训练基地为印度尼西亚队饯行。印度尼西亚队输给了中国队，队员们的情绪都不高。该队领队在致辞时说：

“尽管我们尽了最大的努力，但由于气候不适应等原因，我们队伍的技术没有很好地发挥，遗憾地输了球。但这对东道主中国队来说，我们无疑是最好的客人。今天我在这里祝贺贵队取得优良成绩，就是最好的证明。”

“不过，来日方长。如果我们下次再来做客时，不能成为你们最好的客人，也请尊敬的主人不要见怪。”

不卑不亢，礼貌而幽默，领队的答词尤其是那绝妙的结尾堪称珠圆玉润，称为“豹尾”一点也不过分。

幽默风趣的结束，是整个演讲幽默的升华，也是你全部玩笑机智的总爆发，它能将演讲人徐徐道来的真理印章般打在听众心坎上，使隽永的意蕴久久回荡。

当你的演讲简短、有力、切题，并且由于充满了迷人的幽默感而显得很生动活泼时，听众才会有意犹未尽之感。而意犹未尽是出色演讲美妙的结尾的极致。

特别是演讲场合是宴会或其他联谊性的餐会，而演讲又被安排在一天快结束的时候举行时，那么，高度戏剧性的结尾、幽默的结束语能让人的精神得到清新的鼓舞，同时使你的演讲最终熠熠生辉，余味长存。

一般成功的演讲整体追求真理的启迪、感情的激发、艺术的感染、行动的导引等效果，隽永是其格调上的体现。它通过以温和的幽默力量来述说一个事实，或表达一句妙语，或向听众道声祝福来生成，每每唤起听众会心一笑。

一个演讲者能在结束时赢得笑声，不仅是自己演讲技巧十分成熟的表现，更能给本人和听众双方都留下愉快美好的回忆，也是演讲圆满结束的标志。

“余音绕梁，三日不绝”是演讲结尾追求的最佳效果。在多种多样的演讲结束语中，幽默式算其中极有情趣的一种。

◎ 引文结束：言简意明，画龙点睛

通过引用谚语、成语、格言、警句、诗词等方式结尾，言简意明，画龙点睛，多有韵律，使内容显得充实丰满，具有哲理性和启发性。

如果你能引用适当的诗文名句来结尾，既可使演说优美、动听，又可获得所希望的气氛。

例如，英国扶轮社的哈利罗德爵士在爱丁堡大会上，是这样结束演讲的：“当你们回家之后，有些人会寄一张明信片来给我，就是你们不寄给我，我也要寄给你们每位一张，而且你们会很容易知道是我寄的，因为上面未贴邮票（众笑）。在上面，我要写一些字，是这样写着的：

“季节自己来，季节又自己去。

你知道，世间一切都依时而凋谢。

但有一件却永远像露水一般绽放鲜艳，

那就是我对你们的仁慈和热爱。”

这段诗正适合他全篇演讲的旨意，因此这段诗就用得非常恰当。

马丁·路德·金在历史性的《我有一个梦想》的演讲中，用一位年老的精神领袖的祈祷来作为收尾：“终于自由了，终于自由了，感谢万能的主，我们终于自由了。”

借用名人名言作结束语，能产生“权威效应”和“名人效应”。一般来讲，人们对名人权威有一种崇拜心理，借用他们的话可以给演讲的内容提供有力的证明，还可以把演讲推向一个高潮。

心理学家曾做过这样的测试：在演讲的结束语中引用权威人物的名言警句激励听众，比一般性的结尾对人心理撞击度可提高21.34%~37.06%。

可见恰当地结合演讲内容及其要求，运用名人的警句、告诫结尾，可以发挥名人效应，使通篇演讲得以升华，而且给听众留下深刻的启迪和印象。

又如，1993年国际大专辩论会冠军队——复旦大学队在辩论“温饱是谈道德的必要条件”问题时，四辩手蒋昌建的总结陈述的结尾是这样的：

“谈到这里，我不由得想起一百多年前生活在哥尼斯堡的一位叫康德的老人说过的一句话：‘这个世界唯有两样东西能让我们的心灵感到深深的震撼，一是我们头顶上灿烂的星空；二是我们内心崇高的道德法则！’谢谢各位！”这样的结尾言犹尽而意未绝，令人回味，发人深思。

◎ 简洁结尾：长话短说，掷地有声

现代的快节奏，要求演讲者的演说要简短有力，而不是洋洋洒洒没完没了，如若那样，只会招来听众的反感。文章应该精，而不宜长，林肯的盖提斯堡演说只有10句话。这些都是简洁的典范，我们演说也应如此，冗长的演说是不会受欢迎的。

如果结束语是用复杂的长句逐步展开的，那么最重要的结束语应该用短句，甚至可以用句子的一部分。例如下面一段话：

“你们是否能够认识自己正在进入的这个世界，将取决于你们是否坚定地保持自己正直的人格。如果你们这样做了，其他的一切自然会应运而生。你们的生活将不是人们平常所谓的幸福生活；你们的生活将不得不与逆境抗争。但是这将是有意义的生活，有尊严的生活，有价值的生活。这一点对任何人都足够了。”

或者反过来，在最后一段中大部分使用短句，而在结尾处引出长句，就像引人深思的演讲《怎样丢掉一笔生意》所采用的那样：

“这就是丢掉一笔生意的全部含义。你丢掉了一笔生意，但是得到一个潜在的客户。你丢掉了这一笔生意，但是得到了这笔以外的所有交易。你丢掉一笔生意，但是得到了对自己的销售技巧的深刻洞见。你不断思考，你留心观察，你随时尝试。某一天，如果你不懈地努力，很可能变成一位如此高明的丢生意的行家，以至于根本丢不掉任何一笔生意。”

注意对比上面第一段演讲的最后一句话和上面第二段演讲的决定性语句，看它们的长短对句子的收尾性产生哪些效果。

你设计的演讲最后一句话一定要像第一句话一样简洁有力。每次演讲都应该用一句话使听众毫无疑问地明白演讲已经结束。没有想好决定性的结束语时，发言人只好继续总结，同时不得不努力考虑怎样不留痕迹地收尾。结果，许多人不得不有些沮丧或用下列乏味无力的结束语收尾：

“我想这些就是我要讲的全部内容。”

“噢，时间到了！我还是就讲到这里吧。”

“虽然我还想多讲一些内容，但是应该回答大家提出的问题。”

另外一些演讲者倒是不显得犹豫不决，而是戛然而止，使听众不知道中间的空白是暂时停顿还是最后的结束。

演讲时可以采用一种斩钉截铁的有效收尾与开场白时吸引听众注意力的办法相呼应：详尽回答演讲开始时所提出的那些引人深思的问题；再次提及开头讲过的笑话或故事，使它变得更有趣，或者把它稍加改动，使之适用于你的主题。

不要用“谢谢大家”来代替决定性的收尾。在教室发言或业务报告会上通常不对听众表示感谢，只有当你作为受人尊敬的特殊嘉宾应邀发言时才应该这样做。这种情况下，“谢谢大家”可以作为从结论的其他部分转到决定性语言的过渡语。

◎ 升华结尾：异峰突起，感召人心

这种方法是一层高过一层，一句比一句有力量。

林肯在以尼加拉瀑布为题材的那篇演说中，用的就是降升法。他以哥伦布、耶稣、摩西、亚当等的年代，与尼加拉瀑布一一相比，且一个比一个有力量。

“这要推到无限的久远，当哥伦布最初发现这块大陆，当耶稣被钉在十字架上，当摩西率领以色列人渡过红海，啊！甚至亚当从救世主的手里出生，从那时到现在，尼加拉就在这里怒吼。一个古代巨人的眼睛像现今我们的眼睛一样，曾看见过尼加拉。与第一代人种同时代，比人类的第一个始祖还老，一万年前的尼加拉和现在是同样的新鲜有力。我们只能见到那广大骨骼的前世巨象、爬虫，也曾见过尼加拉——从那样久远的年代起，尼加拉从无一刻静止，从未涸竭，从未冷凝、从未睡去、从未休息。”

数十年前温罗尔·菲利浦在讲黑人图桑将军时，也曾用过这样的技巧，使演讲充满生气、活力：

“我要称他为拿破仑，可是拿破仑经过了毁约、食言、血流成河的战争才获得王位。而这个人从未食言过。不报复是他的伟大格言，也是他一生的信仰，他临终时对他儿子说的话是：我的孩子，终有一天你还能回到故乡圣地亚哥，忘掉法国曾杀你的父亲。我要称他为克伦威尔，可是克伦威尔只是一个军人，他所建立的国家与他同时埋葬在墓中；我要称他为华盛顿，可是这位伟大的维京尼亚加拉却使用奴隶，而这个人，宁可以国家的命运来冒险，也绝不允许他的领土内的任何一个小村庄有贩卖奴隶的事件。”

议论升华这种演讲类型的结尾，形式比较多样。它们最大的特点是顺着演讲主体内容的逻辑，在更高点上着力，发出最精辟的议论，或号召，或展望，或激励，或抒情，抑或还有提议，带有明显的推进升华感，颇具感召力。

产生于20世纪80年代中期的一篇题为《我们要做中华的脊梁》的演讲稿，其结尾颇有典型的升华特征。讲者将青年对于祖国的责任这一主题内容给予生动地说明后，在结尾中说道：

“历史是漫长的，人生是短暂的，我等诸君，生逢良时，年遇妙龄，应该挑起历史的重担。天下兴亡，匹夫有责。中华民族的振兴，祖国的繁荣昌盛，我们有着义不容辞的责任……伸出我们的双手吧，拿出我们的才智吧，献出我们的青春热血吧，我们是中华儿女，我们要做中华的脊梁！”

这个结尾有议论、有号召、有激励、有期望，既是自勉，又是共勉，它将演讲升至最高点后，戛然而止，既给自己的演讲画上了一个完满的句号，又在听众中产生了“撞钟”的效果。

CHAPTER 10

控场应变：将影响力进行到底

演讲者要想取得良好的演说效果，还应该具有应变和控场能力。演讲中有时会出现意想不到的情况，让演讲陷入冷场。演讲者要善于临场察言观色，以便把握住听众的心理变化、兴趣要求，及时修正补充自己的演讲内容，更要能够随机应变、灵活处理各种突发情况，依靠自己的影响力吸引和稳定听众，自始至终主宰场面，引导演讲获得圆满的成功。

◎ 出错卡壳：将错就错，自圆其说

演讲中如果忘了演讲词，演讲者千万别让自己“卡壳”时间太久，而应强使自己集中思想，争取在两三秒之内回忆忘掉的词语。实在想不起来，可根据原来的意思另换词语，或者干脆另起一行，将下一段内容提上来讲。

著名相声演员马季有一次到湖北黄石市演出。在他表演前，有位演员错把“黄石市”说成了“黄石县”，引起了观众的哄笑。到马季登台表演时，他张口就说：“今天，我们有幸来到黄石省演出……”这回听众不笑了，而是窃窃私语，怎么回事，连你也错吗？这时，马季解释道：“方才，我们的一位演员把黄石市说成县，降了一级。我在这里当然要说成省，给提上一级。这样一降一提，哈！就平啦！”几句话博得全场观众热烈的掌声和笑声。马季机智巧妙地圆了场，使演出得以顺利进行。

弹唱家马如飞在一次表演时，不慎将“丫环移步出了房”唱成了“丫环移步出了窗”。听众听后哄堂大笑。马如飞知道唱错了，但他不慌不忙，镇定自如地补上了一句：“到阳台去晒衣裳。”听众一听这巧妙的补白，报以热烈的掌声。谁知一疏忽，他又把“六扇长窗开四扇”唱成了“六扇长窗开八扇”，这时观众不再喧哗了，静静听着他如何补漏。马如飞依然不慌不忙，他以丰富的舞台经验继续唱道：“还有两扇未曾装。”台下顿时掌声满堂。

演讲时如果出现遗漏或念错词、讲错话的失误，演讲者最好能够悄悄改过，不露痕迹。比如，发现自己漏讲了某一点、某一段，可以随后补上，不必声张；念错某个字词，或讲错某句话，也可以及时纠正，或在第二次出现时纠正。万一听众发现了你的错误，也不要紧，演讲者不妨将错就错，自圆其说。在这方面，表演艺术家有许多成功的经验可以借鉴。

演讲者如果出现类似失误，完全可以借鉴这种补救的做法。例如，某同学做演讲时，想用一段诗作为开场白：“浓浓的酒，醇醇的……”但他一上台就念成了酒——将浓浓的漏掉了。他灵机一动，将错就错，干脆将诗改成：“酒——浓浓的、醇醇的……”听众对他的妙改报以热烈的掌声。

◎ 突发意外：顺水推舟，借题发挥

演讲过程中有时会出现一些突发性的意外情况。这种情况有因时空环境的原因造成的，也有因演讲者自身失误造成的。

遇到出乎意料的情况，演讲者应该随机应变，灵活自如地处置。在演讲时令人尴尬的事莫过于在众目睽睽下跌跤。

例如，曾有一位演讲者走上讲台时不慎被话筒线绊倒了。当时台下听众发出了一片唏嘘声和倒掌声，气氛降到了零点。这位演讲者爬起来后，不慌不忙地走到话筒前，微笑着对听众说："同志们，我确实为大家的热情倾倒了！谢谢！"顿时，全场响起了热烈的掌声，大家都为他这绝妙的应变和开场白喝彩。

又如，获得1952年奥斯卡最佳女主角奖的雪莉·布丝莱上台领奖，由于跑得太急，上台阶时绊了一下，差点摔倒。她在致辞时说道："我经历了漫长的艰苦跋涉，才到达这事业的高峰。"这句应变的开场白简直妙不可言。她将上台领奖遇到的挫折与拍电影历经的艰辛巧妙地结合在一起，既揭示了达到事业顶峰的真谛，同时又化解了摔跤的尴尬，可谓一举两得。

再如，美国五星上将艾森豪威尔在第一次世界大战期间，有一次在某军事基地视察。当他发表演讲后走下台时，不慎跌倒，士兵们顿时大笑不止。艾森豪威尔并未恼羞成怒，而是机敏友好地笑道："某些迹象表明，我这次到你们这里来视察是一次巨大的成功。"妙语一出，立即赢得了士兵的欢呼和掌声。

上台演讲时不小心跌倒了，或听众发笑时才发现自己衣服扣子扣错了，或拉链没拉好，或帽子戴歪了……遇到这种情形，演讲者多半会感到尴尬。笨拙的化解方法是，演讲者可以跟着听众笑到一块，在笑声中恢复常态，对此听众一般是不会介意你的失误的。高明的化解方法，当然是演讲者能够借事发挥，说几句巧妙的开场白。

◎ 内容雷同：紧急暂停，转换话题

在某县为庆祝教师节而举办的青年教师演讲赛上，在进行决赛时，一位演讲者从会场突然响起的说话声中，意识到自己讲述的某模范教师的事迹与前面一位演讲者列举的事例重复，因而激起了听众的议论。

他立即暂停了自己激奋的演讲，并利用听众的瞬间注意自己的机会，迅速调整了演讲内容，紧接着讲道：

“老师们、同学们，如果因为你们对这位教育战线劳动模范的事迹太熟悉了，用不着我更多的叙说，那么，我还要向大家介绍另一位在偏僻的小村默默无闻地辛勤工作了28年，曾经冒着生命危险，先后救起过五名落水学生的普通民办教师的经历……”

这样一停，使刚刚安静下来的听众稳定了情绪，随着演讲者的续讲，会场重新呈现出专注的气氛。在演讲过程中，常常出现这样两种不同的现场情形：一是演讲者简洁而精彩的演讲博得了听众的掌声和赞语，会场洋溢着热烈的气氛，这是演讲成功的体现。二是演讲者冗长而平淡的演讲引起了听众的闲聊和喧闹，会场充满了嘈杂的声音，这是演讲失误的反应。

当演讲者遇到第二种情况时，面对台下的哄闹声，不妨暂时停止演讲。这种语流的短暂间歇，可引起听众的心理注意，从而改变听觉意向，产生控场的效果。

◎ 听众厌倦：提高语调，活跃气氛

某工厂团委为庆祝“五四”青年节，举办了一次专题演讲比赛。一位青年工人在演讲中谈到自己如何发挥共青团员的先锋模范作用，带动青年争创高产的事迹时。从会场发出的阵阵说话声中，他感觉到了部分听众的厌倦情绪。他平定了一下自己的激动心情，在一段低沉的叙述后，突然提高语调，用激昂而洪亮的声音讲道：

“青年朋友们，‘五四’运动，作为一场彻底的不妥协的反帝反封建的革命运动，早已载入了中国新民主主义革命的光辉史册，而历史又把一个新时代的崇高使命赋予了我们……”

这样一变，振奋了听众的精神，说话声开始平息，演讲者抓住这一转机，调整了思路，以饱满的热情和兴奋的神态结束了自己的演讲，受到听众的欢迎。

演讲者面对台下的吵嚷声，可以迅速变化语调。这种语调的鲜明对比，能够造成听众的心理反差，从而集中注意指向，达到控场的目的。

◎ 无礼指责：幽默对答，有礼有利

达尔文在一次演讲中，刚说出题目，一位年轻貌美的女士就站起来，带着戏谑的口吻问道："听说您断言，人类是由猴子变来的？"达尔文答道："是的。"这位美女继续说："那么，我也属于您的论断之列吗？"达尔文彬彬有礼地答道："那当然！不过，您不是由普通的猴子变来的，而是由长得非常迷人的猴子变来的。"达尔文幽默风趣的回答博得全场一片笑声。

以幽默著称的英国前首相丘吉尔有一次正准备做即席演讲，一位媚态十足的女士对他说："丘吉尔，你有两点我不喜欢。""哪两点？"丘吉尔问。那女士说："你执行的新政策和你嘴上的胡须。"丘吉尔听后，彬彬有礼地答道："哎呀，真的，夫人，请不要在意，您没有机会接触到其中的任何一点。"

丘吉尔有一回访问美国，刚做了几分钟的演讲，一位反对他的美国女议员就站起来对他说：“如果我是您的妻子，我会在您的咖啡里下毒药的。”丘吉尔狡黠地笑了一笑，说：“如果我是您的丈夫，我会喝下那杯咖啡的。”丘吉尔的幽默令反对者悻悻而去。

◎ 故意刁难：反戈一击，反唇相讥

听众中难免有恶意的刁难者，故意提出一些带歧视、轻视、敌视性的问题。对待这些刁难者，演讲者不能像对待善意的质疑者那样，而是要不客气地给予回击，可以采用反唇相讥的策略。

有位演讲家在演讲结束时，台下有一名学生突然连珠炮似的向他发问：

学生：先生，您今天是第一次演讲失败吗？

演讲家：那当然是第一次啦。噢，你们当学生的怎么总爱问这个问题？

学生：演讲时，您觉得什么样的字音最容易说错？

演讲家：错。

学生：您演讲开始时，从来不说的是什么？

演讲家：结尾。

回答了学生的问题后，演讲家也来个出其不意，反戈一击：

演讲家：我方才讲的冷缩热胀的道理你懂了吗?

学生：懂了，先生。冬天白天短——冷缩；夏天白天长——热胀。

这时，台下出现了哄堂大笑，这位发问的学生才知道说错和失败的是自己，不禁羞红了脸。

作家谌容有一次应邀到美国一所大学演讲，她刚登上讲台，就有人给她提了一个难堪的问题："听说您至今还不是中国共产党党员，请问您对中国共产党的私人感情如何？"谌容顺水推舟地答道："你的情报很准确，我确实还不是中国共产党党员。但是，我的丈夫是个老共产党员，而我同他共同生活了几十年，尚无离婚的迹象，可见，我同中国共产党的感情有多深。"谌容巧妙得体的回答博得了台下听众的称赞。

◎ 蓄意挑衅：据理力争，针锋相对

当达尔文的进化论学说传播开来时，英国教会曾召开过一次辩论演讲会。会上，一位大主教突然对赫胥黎教授进行人身攻击，他说："赫胥黎教授就坐在我旁边，他是想等我一坐下来就把我撕成碎片的。因为照他的信仰，他本来是猴子变的嘛！不过，我倒要问问，这个猴子子孙的资格，到底是从祖父那里得来的呢，还是从祖母那里得来的呢？”

赫胥黎针锋相对地回答：“我断言——我重复断言：要说我是起源于弯着腰走路和智力不发达的可怜的动物，我并不觉得羞耻；相反，要说我起源于那些自称很有才华，社会地位很高，却胡乱干涉自己所茫然无知的事物，任意抹杀真理的人，那才真正可耻！”雄辩的哲理使大主教瞪着大眼，无言以对。

德国大诗人海涅因为是犹太人而常常遭到无理攻击。他在一次演讲中，有一个旅行家突然对他说：“我发现了一个小岛，这个岛上竟然没有犹太人和驴子！”海涅白了他一眼，反唇相讥地说：“看来，只有你我一起去那个岛上，才会弥补这个缺陷！”

◎ 故意起哄：沉着镇定，机智应对

演讲过程中，有时会出现有人故意起哄、扰乱会场的情况。这时，演讲者应该沉着镇定，机智灵活，在不同的条件下，采取不同的方式，予以回击。

《列宁在十月》这部电影中有一个场面，对演讲者很有启发。列宁在米赫利松工厂发表演讲期间，有个歹徒递上一张纸条。列宁审视片刻，高声向听众宣读：

“同志们，我收到了一张纸条，请大家听一听，上面写了些什么：‘你们的政权反正是维持不住的，你们的皮将被我们剥下来做鼓面！’（群情激昂）

请安静，同志们，我看这张纸条绝不是工人的手写的。恐怕写这张纸条的人，未必有胆量敢站到这儿来！同志们，我想他是不敢站出来的！

同志们，须加上三倍的警惕、小心和忍耐。你们要坚守岗位！对于人民认为是罪大恶极的叛徒，必须无情地加以消灭！不镇压剥削者的反抗，革命就不能胜利！”（雷鸣般的热烈掌声）

在这里，列宁巧妙地借宣读反动分子恫吓性的纸条，因势利导地启发工人阶级要保持高度革命警惕，用铁的手腕镇压反革命分子，来巩固苏维埃政权。这就进一步深刻地阐明了演讲的主旨，扩大了演讲的影响。

◎ 掌控时间：有条不紊地演讲

控制好演讲时间是一项重要的内容。可是演讲中对时间的控制又不能只是盯着钟表的时间，而是应该事先排练，根据排练的时间来安排自己的控场时间。

对时间控制的总体要求

看看讲话内容各个部分的大致比例：开场白、主要内容、结论。一般情况下，主要内容应该构成发言时间的75%。开场白是不是因为插进题外话而拖得太长？还要检查要点之间的相对比例，自己是否用了一半时间来阐述第一个要点，这样做值得吗？

大部分演讲新手在实际演讲时语速过快，这样很多重要的地方就得不到澄清了。你的演讲排练越接近实际情况，你对时间估计的误差越小。

用手表查看自己的演讲时间，但是不要死盯着手表的指针。把开始和结束的时间记下来。手表指针的运动会给你一种压力，让你不太自然。比如，如果你觉得自己讲得太慢，在最后一分钟可能会把速度加快一倍，或者相反的情况，把自己的语速放慢，用使人昏昏欲睡的口吻把句子拖得很长。如果能够为每个部分的讲话定时会对演讲时间的控制帮助很大。

有经验的演讲者始终明白演讲的每个部分各占多长时间。即使演讲时间在总体上控制得非常好，他或她仍然希望再把时间分割得更加细致一些。明白时间的长短有助于随时进行调整，这是演讲过程中经常出现的情况。

当你的排练工作进行到一定的程度，每次演讲花费的时间大致相等，就要在笔记上记下每个部分各自花费的时间。比如，你可以在开场白的笔记右下方标记“2分钟”，在第一个要点后记好“5分钟”，在第二个要点后记“8分钟”等。

合理分配演讲各个部分的时间可以帮助你从容调整内容。比如，你原计划用5分钟讲述第一个要点，听众的反应使你相信自己得用8分钟才能使他们明白这个问题。于是你决定把第二个要点和第三个要点中的小故事省略掉以弥补多用的3分钟。

有些人的时间估计非常精确，不需要外在的提示。如果你不太善于估计时间（我们大部分人都没有这种能力），要坦然地把自己的手表摘下来放在自己看得到的地方，或者请听众席上的同事到时候向你发出信号。但是要避免过于依赖钟表。

演讲时间太长

如果演讲时间太长，超出了预定的时间，可以采用下面这些方法来解决这个问题：

检查自己的证据和例子，不要反复重申同样的内容。（把这些要除去的内容留作问答或讨论时用）

取消较长的故事、笑话、叙述等，除非它们对演讲主题至关重要。

考虑把某个要点全部取消。（相应地调整自己的主题）

例子的描述不要太过详细。（不要讲述整个故事的来龙去脉，只需包括所有关键要素的大概情况即可）

考虑用演讲以外的其他方式来解说技术和细节，如分发资料或使用视觉道具。

修饰和简化语言以及措辞，说话要深入浅出。

演讲时间太短

如果演讲时间太短，我们可以从下面几个方面考虑改进：

（1）检查是否存在着一些重要看法没有充分发挥。

（2）检查自己的措辞是否过于简短。通常，我们口语的语速比较快，所以要进行重复和修饰，还要加入各种说明来使每位听众完全把握你的意思以及你希望传达的重点。

（3）一定要保证你为自己的所有要点都配备了充分的证明材料。再次检查你的论据，确保你的论点都有根有据或者没有跳过某些逻辑证明的步骤。

（4）你在图书馆查找资料的工作可能做得不够。你是否确实查阅了相当多的资料？

（5）在大部分情况下，如果你只用了15分钟就讲完了本来打算讲20分钟的内容，没有人会感到格外沮丧，但是，如果你用了40分钟才讲完本来打算讲20分钟的内容，那么其他人的时间安排可能完全被打乱了。

◎ 活用道具：为演讲“保驾护航”

演讲中运用道具材料能够使演讲者动作自然，摆脱了紧张的心理状态；还能使演讲内容在听众记忆中留下更深刻、更持久的印象；同时使演讲更形象生动，富有趣味；还能吸引听众注意力，起到控场作用；而且能使演讲内容纲举目张，条理清晰，明白易懂。

麦克风的使用

演讲中，音量是个大问题，只有高低合适才方便听众聆听。在一些较大的场合演讲，使用麦克风是无疑的了。运用麦克风可以使音量得到扩大，同时声音的可塑性也会增强。因此，演讲时演讲者要充分利用麦克风来为自己服务。

麦克风最好是放置在话筒架上，话筒架上的麦克风可以上下移动，前后挪动，使用起来很方便，更主要的是可以空出双手来做动作，使演讲者的形象保持一个完美的整体。

麦克风与嘴的距离一般在一拳左右，太近了气粗声大，容易产生喷话筒的情况，一些送气音节（如怕、他、可、去、其等）更是明显，要注意把握好；话筒也不能太远，太远了声音传不出去，尤其是敏感度不高的话筒，太远了等于没用。

麦克风不要放在嘴与地面平行的直线上，应低于嘴唇，放在嘴的下部且与嘴成45° 角，这样才能灵活运用，否则会出现抬头时被话筒拦住脸部的情况。

有时可能没有话筒架，那么麦克风只能拿在手里了，握麦克风时不要太紧，握得太紧手容易颤动，会使听众以为你很紧张。可以握成拳状，也可握成抓状，但一般采用前者。不要随意换手，如果要换，一定要配合好动作进行。

演讲者根据场地的大小和麦克风的性能以及听众情绪的静噪情况，可以灵活调整嘴巴与麦克风的距离。场地大，尤其是在室外，或者麦克风性能差、听众浮躁不安、人群中有声音时，可以近点，否则应远点。

照片、幻灯、投影仪等

照片、幻灯的道具包括照片、速写、计划书、图片、幻灯片、纪录片、录影带等。如果与镜头相匹配的摄影机本身非常复杂，那么演讲者可以用放大3/4倍的简图来说明它们之间的相互作用。希望说明心肌结构的演讲者也许愿意用一张大大的照片来演示。

图表、图例

用图表、图例能够说明比较抽象的概念，还可以利用表格、图示、例证、重要词汇和短语的列表。

要尽可能多的用图片、图表来显示你的观点和内容。一般来说，统计表要比文字更加直观，而图画又比统计更具说服力。比较理想的说明方法是尽量把题材图像化，文字仅用来串联组合那些图像。一幅图画，有时要比千言万语有用得多。

实物或复制品

1938年秋天，冯玉祥将军到湖南益阳县城，向几百万人发表演讲，鼓励抗日。他援引了《世说新语》中孔融所说的“岂见覆巢之下，复有完卵乎”的典故，运用实物进行演示。他左手握着一株小树，将一个草编的鸟窝放在树枝的枝丫间，鸟窝里有几个鸟蛋。他用小树比作国家，用鸟窝比作家庭，用鸟蛋比作个人，用握着小树的那只手比作捍卫国家的人。他说：“先有国家，然后才有家，才有个人的生命……我们的祖国遭到了日本帝国主义的侵略，我们都要用自己的双手保卫她，那就是起来抗日。如果不抗日——”说到这里，他手一松，树倒了，窝摔了，蛋碎了。

这里冯玉祥以“树”“鸟窝”“鸟蛋”等实物向听众展示，真切生动，增强了说服力。

在原物及其仿制品间选择道具的时候，还得考虑其他一些问题。如果演讲者用人类心脏的塑料模型而不是真正的解剖标本来说明它的瓣膜结构和作用原理，大部分听众会感到如释重负（医学专业人员除外）。

为了说明新的摄像机镜头组件使用起来非常简便，演讲者可以用一个真实的摄像机及其镜头来证明自己的话，演示两者搭配使用有多么方便。而同样的内容如果用语言表达会花费很长时间。但是，如果听众人数庞大，这种演示可能行不通，因为设备太小，后面和外围的人看不清楚。这种情况下，演讲者可以采用比实物大的模型来进行演示。

◎ 调节空间：与听众保持最佳的距离

“空间方位意义说”的创始人——美国著名学者爱德华·霍尔于1959年出版了他的成名作《无声的空间》，正式提出了“空间交往”理论。霍尔把人际交往的空间分为四种：亲密空间，距离为15厘米～46厘米；个人空间，距离为75厘米～125厘米；社交空间，距离为215厘米～365厘米；公共空间，距离为365～765厘米。

演讲是一种社会交往，因此演讲一般在社交空间中进行。演讲者根据演讲内容、演讲感情、演讲环境灵活调节与听众的距离。听众多、内容明朗、感情激烈、场景大，可离听众远些；听众少、内容含蓄、感情平稳、场景小，可离听众近些。演讲者演讲时要充分利用空间因素，以便更好地发挥演讲，掌握局面。

印度尼西亚总统苏加诺一次应邀到北京大学演讲，言语不通、年龄悬殊、地位差异、阅历不同以及民族、信仰、生活习惯诸多方面的不同决定了他与听众之间心理距离的遥远。因此缩短与听众的心理距离，取得听众的情感认同是演讲成功的根本点。苏加诺不愧为经验丰富的社会活动家与演讲家，他是这样开始他的演讲的：

“同学们，请大家往前挪几步，我想挨大家近点，好吗？”

亲切的话语，含笑的表情得到了学生的认可，学生心里为之一热，向前走了几步。

“请大家脸带微笑，因为我们面对的是一个光辉灿烂的明天。”

带有哲理的调侃不仅缩短了与听众的交往距离，更是拉近了心理距离，学生报以热烈的掌声。

演讲空间距离的确定对演讲的成功有很大的影响。我们可以这么想象：如果演讲场地很小，热情的听众又济济一堂，你与他们完全挨在一起，是不是有一种压迫感？相反，如果你站在大厅里演讲，下面只有二三十个人，且稀稀拉拉地坐得老远，是不是又有一种空虚感？

演讲中基本位置确定好以后，可以随演讲内容、感情及听众情绪的变化而变化，可以适当地前走、后退、左移、右转等。

附录一：中外名人经典演讲

不自由，毋宁死 / 帕特里克·亨利

议长先生：

我比任何人更钦佩刚刚在议会上发言的先生们的爱国精神和才能。但是，对同一事物的看法往往因人而异。因此，尽管我的观点与他们截然不同，我还是要毫无保留地、自由地予以阐述，并且希望不要因此而被视作对先生们的不敬；现在不是讲客气的时候。

摆在议会代表们面前的问题关系到国家的存亡。我认为，这是关系到享受自由还是蒙受奴役的大问题，而且正由于它事关重大，我们的辩论就必须做到各抒己见。只有这样，我们才有可能弄清事实真相，才能不辜负上帝和祖国赋予我们的重任。在这种时刻，如果怕冒犯别人而闭口不言，我认为就是叛国，就是对比世间所有国君更为神圣的上帝的不忠。

议长先生，对希望抱有幻觉是人的天性。我们易于闭起眼睛逃避痛苦的现实，并倾听海妖惑人的歌声，让她把我们化作

禽兽。在为自由而进行艰苦卓绝的斗争中，这难道是有理智的人的作为吗？难道我们能对获得自由这样休戚相关的事视而不见、充耳不闻吗？就我来说，无论在精神上有多么痛苦，我仍然愿意了解全部事实真相和最坏的事态，并为之做好充分准备。

我只有一盏指路明灯，那就是经验之灯。除了过去的经验，我没有什么别的方法可以判断未来。而依据过去的经验，我倒希望知道，10年来英国政府的所作所为，凭什么足以使各位先生有理由满怀希望，并欣然用来安慰自己和议会？难道就是最近接受我们请愿时的那种狡诈的微笑吗？不要相信这种微笑，先生，事实已经证明它是你们脚边的陷阱。

不要被人家的亲吻出卖吧！请你们自问，接受我们请愿时的和气亲善和遍布我们海陆疆域的大规模备战如何能够相称？难道出于对我们的爱护与和解，有必要动用战舰和军队吗？难道我们流露过决不和解的愿望，以至于为了赢回我们的爱，而必须诉诸武力吗？我们不要再欺骗自己了，先生。这些都是战争和征服的工具，是国王采取的最后论辩手段。我要请问先生们，这些战争部署如果不是为了迫使我们就范，那又意味着什么？哪位先生能够指出有其他动机？难道在世界的这一角，还有别的敌人值得大不列颠如此兴师动众，集结起庞大的海陆武装吗？不，先生们，没有任何敌人了。一切都是针对我们的，而不是别人。他们是派来给我们套紧那条由英国政府长期以来铸造的锁链的。

我们应该如何进行抵抗呢？还靠辩论吗？先生，我们已经辩论了10年了。难道还有什么新的御敌之策吗？没有了。我们已经从各方面经过了考虑，但一切都是枉然。难道我们还要苦苦哀告，卑词乞求吗？难道我们还有什么更好的策略没有使用过吗？先生，我请求你们，千万不要再自欺欺人了。为了阻止这场即将来临的风暴，一切该做的都已经做了。我们请愿过，我们抗议过，我们哀求过；我们曾拜倒在英王御座前，恳成他制止国会和内阁的残暴行径。可是，我们的请愿受到蔑视，我们的抗议反而招致更多的镇压和侮辱，我们的哀求被置之不理。我们被轻蔑地从御座边一脚踢开了。事到如今，我们怎么还能沉迷于虚无缥缈的和平希望之中呢？

没有任何希望的余地了。假如我们想获得自由，并维护我们长期以来为之献身的崇高权利，假如我们不愿彻底放弃我们多年来的斗争，不获全胜，决不收兵。那么，我们就必须战斗！我再重复一遍，我们必须战斗！我们只有诉诸武力，只有求助于万军之主的上帝。

议长先生，他们说我们太弱小了，无法抵御如此强大的敌人。但是我们何时才能强大起来？是下周，还是明年？难道要等到我们被彻底解除武装，家家户户都驻扎英国士兵的时候？难道我们犹豫迟疑、无所作为就能积聚起力量吗？难道我们高枕而卧，抱着虚幻的希望，待到敌人捆住了我们的手脚，就能找到有效的御敌之策了吗?

先生们，只要我们能妥善地利用自然之神赐予我们的力量，我们就不弱小。一旦300万人民为了神圣的自由事业，在自己的国土上武装起来，那么任何敌人都无法战胜我们，此外，我们并非孤军作战，公正的上帝主宰着各国的命运，他将号召朋友们为我们而战。先生们，战争的胜利并非只属于强者。它将属于那些机警、主动和勇敢的人们。何况我们已经别无选择。即使我们没有骨气，想退出战斗，也为时已晚。

退路已经切断，除非甘受屈辱和奴役。囚禁我们的枷锁已经铸成。叮叮的镣铐声已经在波士顿草原上回响。战争已经无可避免——让它来吧！我重复一遍，先生，让它来吧！企图使事态得到缓和是徒劳的。各位先生可以高喊：和平！和平！但根本不存在和平。战斗实际上已经打响。从北方刮来的风暴将把武器的铿锵回响传到我们耳中。我们的弟兄已经奔赴战场！我们为什么还要站在这里袖手旁观呢？先生们想要做什么？他们会得到什么？难道生命就这么可贵，和平就这么甜蜜，竟值得以镣铐和奴役作为代价？全能的上帝啊，制止他们这样做吧！我不知道别人会如何行事；至于我，不自由，毋宁死！

★说明：帕特里克·亨利是弗吉尼亚殖民地上最成功的律师之一。

北美洲的原始居民为印第安人。从1607到1733年，英国在北美洲大西洋沿岸陆续建立了13个殖民地，采取剥削、压制的政策。18世纪中叶，北美殖民地人民同英帝国主义之间的矛盾日益加深，人民要求独立的呼声越来越高。1774年，英国颁布了诸如关闭波士顿港、增派英国驻军、取消马萨诸塞的自治权、确立英国对殖民地的司法权等法令，从政治上、军事上加紧对殖民地的控制与镇压。殖民地中的一些温和派和保守分子屈服于英国政府的压力，极力主张妥协和解。帕特里克·亨利与之相反，属于激进派人物，主张不惜以鲜血和生命为代价换取独立。1775年3月23日，在弗吉尼亚州议会上，眼看着妥协势力占了优势，他义无反顾，登台发表了这篇著名的演讲。

亨利的演讲极大地鼓舞了人们为争取独立而进行战斗的激情。他的演讲结束后，会场群情激愤，高喊“拿起武器！拿起武器！”呼喊声响彻议会大厅。这篇演说词被后人作为不朽的名篇，特别是结尾的警句一直为人们所传诵。

历史将宣判我无罪／卡斯特罗

诸位法官先生：

从来没有过任何一个辩护律师得在这样困难的条件下进行

工作；也从来没有过任何一个被告遭到过这么多的严重的非法待遇。在本案中，辩护律师和被告是同一个人。我作为辩护律师，连看一下起诉书也没有可能，作为被告，我被关闭在完全与外界隔绝的单人牢房已经有76天，这是违反一切人道和法律规定的。讲话人绝对厌恶幼稚的自负，没有心情、而且生性也不善于夸夸其谈和做什么耸人听闻的事情。

我不得不在这个法庭上自己担任自己的辩护人，是由于两个原因：第一，是因为实际上完全剥夺了我的受辩护权；第二，是因为只有感受至深的人，眼见祖国受到那样深重的灾难、正义遭到那些践踏的人，才能在这样的场合呕心沥血讲出凝结着真理的话来。并非没有慷慨的朋友愿意为我作辩护。

哈瓦那律师公会为我指定了一位有才干有勇气的律师——豪尔赫·帕格列里博士，他是本城律师公会的主席。但是他却不能执行他的使命。他每次想来探望我，都被拒于监狱门外。

只是经过一个半月之后，由于法庭的干预，才允许他当着军事情报局的一个军曹的面会见我十分钟。按常理说，一个律师是应该和他的当事人单独交谈的，这是在世界任何地方都受到尊重的权利，只有这里是例外，在这里一个当了战俘的古巴人落到了铁石心肠的专制当局手中，他们是不讲什么法理人情的。帕格列里博士和我都不能容忍对于我们准备在出庭时用的辩护策略进行这种卑污的刺探。难道他们想预先知道我们用什么方法粉碎他们就蒙卡达兵营事件挖空心思地捏造的无稽谎言，用什么方法揭露他们所竭力掩盖的可怕的真相吗？

于是，当时我们就决定由我运用我的律师资格，自作辩护。军事情报局的军曹听到了这个决定，报告了他的上级，这引起了异常的恐惧，就好像是哪个调皮捣蛋的妖怪捉弄他们，使他们感到他们的一切计划都要破产了。诸位法官先生，他们为了把被告自我辩护这样一个在古巴有着悠久传统的神圣权利也给我剥夺掉，而施加了多少压力，你们是最清楚不过了。法庭不能向这种企图让步，因为这等于陷被告于毫无保障的境地。被告现在行使这项权利，该说的就说，绝不因任何理由而有所保留。我认为首先有必要说明对我实行野蛮的隔离的理由是什么，不让我讲话的意图是什么；为什么，如法庭所知，要阴谋杀害我；有哪些严重的事件他们不想让人民知道；在本案中发生的一切奇奇怪怪的事情奥妙何在。这就是我准备清楚地表白的一切。

……

我认为我已充分地论证了我的观点：我的理由要比检察官先生用来要求判我26年徒刑的理由要多。所有这些理由都有助于为人民的自由和幸福而斗争的人们，没有一个理由是有利于无情地压迫、践踏和掠夺人民的人。因此我不得不讲出许多理由，而他一个也讲不出。巴蒂斯塔是违反人民的意志，用叛变和暴力破坏了共和国的法律而上台的，怎样能使他的当权合法化呢？怎样能把一个压迫人民的、沾满血迹和耻辱的政权叫作合法的呢？怎样能把一个充斥着社会上最守旧的人、最落后的思想和最落后的官僚制度的政府叫作革命的呢？又怎样能认为，肩负着保卫我国宪法的使命的法院最大的不忠诚的行为，在法律上是有效的呢？凭什么权利把为了祖国的荣誉而贡献出自己的鲜血和生命的公民送进监狱呢？这在全国人民看来，是骇人听闻的事；照真正的正义原则说来，都是骇人听闻的事。

但是我们还有一个理由比其他一切理由都更为有力：我们是古巴人，作为古巴人就有一个义务，不履行这个义务就是犯罪，就是背叛。我们为祖国的历史而骄傲；我们在小学校里就学习了祖国历史，在我们成长的过程中，不断听人们谈论着自由、正义和权利。我们的长辈教导我们从小敬仰我们的英雄和烈士的光荣榜样。塞斯佩德斯、阿格拉蒙特、马塞奥、戈麦斯和马蒂都是我们自幼就熟悉的名字。我们敬聆过泰坦的话：自由不能祈求，只能靠利剑来争取。我们知道，我们的先驱者为了教育自由祖国的公民，在他的《黄金书》中说："凡是甘心服从不正确的法律并允许什么人践踏他的祖国的，凡是这样辜负祖国的，都不是正直的人……在世界上必然有一定数量的荣誉，正像必然有一定数量的光明一样。只要有小人，就一定有另外一些肩负众人的荣誉的君子。就是这些人奋起用暴力反对那些夺取人民的自由，也就是夺取人们的荣誉的人。这里人代表成千上万的人，代表全民族，代表人类的尊严。”……人们教导我们，10月10日和2月24日是光荣的、举国欢腾的日子；因为这是古巴人奋起打碎臭名昭著的暴政的桎梏的日子；人们教导我们热爱和保护美丽的独星旗并且每天晚上唱国歌，这个曲子告诉我们，生活在枷锁下等于在羞辱中生活，为祖国而死就是永生。我们学会了这一切并且永不会忘记，尽管今天，在我们祖国的人们，由于要实践从摇篮中起就教导给他们的思想而遭到杀戮和监禁。我们出生在我们的先辈传给我们的自由国家。我们不会同意做任何人的奴隶，除非我们的国土沉入海底。在我们的先驱者百年诞辰的今年对他的崇敬好像要消逝了，对他的怀念好像要永远磨灭了，多么可耻！但是他还活着，没有死去，他的人民是富于反抗精神的，他的人民是高尚的，他的人民忠于对他的怀念！有些古巴人为保卫他的主张倒下去了，有些青年为了让他继续活在祖国的心中，甘心情愿地死在他的墓旁，贡献出他们的鲜血和生命。古巴啊！假使你背叛了你的先驱者，你会落得什么样的下场啊！

我要结束我的辩护词了，但是我不像一般的律师通常所作的那样，要求给被告以自由；当我的同伴们已经在松岛遭受可恶的监禁时，我不能要求自由。你们让我去和他们一起共命运吧！在一个罪犯和强盗当总统的共和国里，正直的人们被杀害和坐牢是可以理解的。

我衷心感谢诸位法官先生允许我自由讲话而不曾卑鄙地打断我。我对你们不怀仇怨，我承认在某些方面你们是人道的，我也知道本法庭庭长这个一生清白的人，他可能迫于现状不能不作出不公正的判决，但他对这种现状的厌恶是不能掩饰的。法庭还有一个更严重的问题有待处理，这就是谋害70个人的案件——我们所知道的最大的屠杀案。凶手到现在还手执武器逍遥法外，这是对公民们的生命的经常威胁。如果由于怯懦，由于受到阻碍而不对他们施以法律制裁，同时法官们也不全体辞职，我为你们的荣誉感到惋惜，也为玷污司法制度的空前的污点感到痛心。

至于我自己，我知道我在狱中将同任何人一样备受折磨，狱中的生活充满着卑怯的威胁和残暴的拷打，但是我不怕，就像我不怕夺去了我70个兄弟的生命的可鄙的暴君的狂怒一样。

判决我吧！没有关系。历史将宣判我无罪。

（摘自《演讲经典99》，山东人民出版社，石川、林郁选评）

★说明：古巴革命领袖卡斯特罗，1953年7月率队攻打蒙卡达兵营失败被捕，10月16日他在审判他的法庭上作了题为“历史将宣判我无罪”的长篇辩护，慷慨激昂，有理有据，使审判者无言以对。结果卡斯特罗反而从被告变成了原告。他结尾的那句“历史将宣判我无罪”，实现了自己生命的价值，数十年来一直成为人们交口称颂并被广泛效仿的自我辩护的名句。

一个遗臭万年的日子／罗斯福

副总统先生、议长先生、参众两院各位议员：

昨天，1941年12月7日——一个遗臭万年的日子——美利坚合众国遭到了日本帝国海空军部队突然和蓄谋的进攻。

美利坚合众国当时同该国处于和平状态，而且，根据日本的请求，当时仍在同该国政府和该国天皇进行着对话，对于维持太平洋的和平有所期待。

实际上，就在日本空军中队已经开始轰炸美国瓦胡岛之后一小时，日本驻合众国大使及其同事还向我们国务卿提交了对美国最近致日方的信函的正式答复。虽然复函声言继续现行外交谈判似已无用，但它并未包含有关战争或武装进攻的威胁或暗示。

应该记录在案的是：由于夏威夷同日本的距离，这次进攻显然是多天乃至若干星期以前就已蓄意进行了策划的。在策划过程之中，日本政府通过虚伪的声明和表示希望维系和平而蓄意对合众国进行了欺骗。

昨天对夏威夷群岛的进攻，给美国海陆军部队造成了严重的损害，我遗憾地告诉各位，很多美国人丧失了生命。此处，据报，美国船只在旧金山和火奴鲁鲁岛之间的公海上也遭到了鱼雷袭击。

昨天，日本政府已发动了对马来西亚的进攻。

昨夜，日本军队进攻了香港。

昨夜，日本军队进攻了关岛。

昨夜，日本军队进攻了菲律宾群岛。

昨夜，日本军队进攻了威克岛。

今晨，日本军队进攻了中途岛。

因此，日本在整个太平洋区域采取了突然的攻势。昨天和今天的事实不言自明。合众国的人民已经形成了自己的见解，并且十分清楚这关系到我们国家的安全和生存的本身。

作为海陆军总司令，我已指示，为了我们防务采取一切措施。

但是，我们整个国家都将永远记住这次对于我们进攻的性质。

不论要用多长的时间才能战胜这次预谋的入侵，美国人民以自己的正义力量一定要赢得绝对的胜利。

我现在断言，我们不仅要做出最大的努力来保卫我们自己，我们还将确保这种形式的背信弃义永远不会再危及我们。我这样说，相信是表达了国会和人民的意志。

对敌行动已经存在。毋庸讳言，我国人民，我国领土和我国利益都处于严重危险之中。

信赖我们的武装部队——依靠我国人民的坚定信心——我们将取得必然的胜利——上帝助我！

我要求国会宣布：自1941年12月7日——星期日日本进行无缘无故和卑鄙怯懦的进攻时起，合众国和日本帝国之间已处于战争状态。

（摘自《演讲经典99》，山东人民出版社，石川、林郁选评）

★说明：1941年12月7日清晨，日本海军突然袭击美国海军太平洋舰队夏威夷基地珍珠港以及美国陆军和海军在瓦胡岛上的飞机场。美国总统罗斯福获得消息后，于12月8日在参众两院联席会议上发表了《一个遗臭万年的日子》的著名演讲。这篇仅用了6分半钟的简明有力的演讲，既陈述了事实真相，又分析了战争性质及胜负条件，把激昂愤懑之情融于冷静的分析和判断之中，句句都是有力的论据，句句都是炙热的烈火，产生了巨大的反响，参众两院分别以绝对多数票通过了美国和日本之间存在战争状态的联合决议。

作家的孤独巅峰／厄尼斯特·海明威

不善于演讲的我，只想在这里感谢诺贝尔奖委员会的委员们慷慨授予我这项荣誉。

任何作家，当他知道还有许多伟大的作家都没有获得此项奖的时候，都不可能心安理得领奖而不感到受之有愧。这里我们不必一一列举这些伟大作家的名字。因为在座的各位都可以根据他的知识和良心列出自己的一份名单来。

我在这里要求自己国家的大使，代我宣读这篇演说，而又想把一个作家心中所感受到的一切都说尽，可能是不容易的。一个人作品中的一些东西可能不会马上被人理解，在这点上，有时他是幸运的；但是久而久之，它们终究会十分清晰起来，根据它们以及作家所具有的点石成金本领的大小，作品会使作家不朽或被遗忘。

写作，在其处于巅峰状态时，是一种孤独的生涯。各种各样的作家组织固然可以减轻作家的孤独，但我怀疑它们未必能促进作家的创作。一个在众人簇拥之中成长起来的作家，固然可以摆脱他的孤寂之感，但他的作品往往就会流于平庸。而一个在孤寂中独自工作的作家，假如他确实超群出众，就必须每天面对永恒，或面对缺少永恒的状况。

对于一个真正的作家来说，他的每一部作品都应该是他继续探索那些尚未到达领域的一个新的起点。它应该永远去尝试那些从来没有人做过或别人没有做成的事，这样他才有获胜的机会。

★说明：本文为1954年诺贝尔文学奖获得者——海明威在授奖仪式上的演说词。海明威本人未出席这次授奖仪式，此文由当时美国大使约翰·卡波特代读。这篇演讲虽语言寥寥，但意味深长，发人深省。全篇语言平实朴素，感情真挚，毫无故作姿态的意思。

中美友好往来的大门终于打开了 / 周恩来

首先，我高兴地代表毛泽东主席和中国政府向尼克松总统和夫人，以及其他的美国客人们表示欢迎。

同时，我也想利用这个机会代表中国人民向远在大洋彼岸的美国人民致以亲切的问候。

尼克松总统应中国政府的邀请，前来我国访问，使两国领导人有机会直接会晤，谋求两国关系正常化，并就共同关心的问题交换意见，这是符合中美两国人民愿望的积极行动，这在中美两国关系史上是一个创举。

美国人民是伟大的人民。中国人民是伟大的人民。我们两国人民一向是友好的。由于大家都知道的原因，两国人民之间的来往中断了二十多年。现在，经过中美双方的共同努力，友好来往的大门终于打开了。目前，促使两国关系正常化，争取和缓紧张局势，已成为中美两国人民强烈的愿望。人民，只有人民，才是创造世界历史的动力。我们相信，我们两国人民这种共同愿望，总有一天是要实现的。

中美两国的社会制度根本不同，在中美两国政府之间存在着巨大的分歧。但是，这种分歧不应当妨碍中美两国在互相尊重主权和领土完整、互不侵犯、互不干涉内政、平等互利和和平共处五项原则的基础上建立正常的国家关系，更不应该导致战争。中国政府早在1955年就公开声明，中国人民不要同美国打仗，中国政府愿意坐下来同美国政府谈判，这是我们一贯奉行的方针。我们注意到尼克松总统在来华前的讲话中也谈到，“我们必须做的事情是寻找某种办法使我们可以有分歧而又不成为战争中的敌人”。我们希望，通过双方坦率地交换意见，弄清楚彼此之间的分歧，努力寻找共同点，使我们两国的关系能够有一个新的开始。

★说明：1972年2月21日~28日，美国总统尼克松应中国国务院总理周恩来的邀请来华访问，尼克松夫人美国国务卿罗杰斯、问题助理基辛格博士和其他美国政府官员陪同来访。访问期间，尼克松总统会见了毛泽东主席，又同周总理进行了会谈。

这是美国总统首次对中华人民共和国的访问，一时间成为全世界瞩目的焦点。2月21日晚，周总理为尼克松总统一行举行了盛大的晚宴，并在宴会上发表了这篇演说。这篇演讲非常简短，但是很富有感情。周总理借祝酒之际代表中国人民向远在大洋彼岸的美国人民致以亲切的问候，表达了中国人民对美国人民的情谊。全篇结构严谨，思路清晰严密，没有一句多余的话，措辞非常得体，态度友好坦诚，如："由于大家都知道的原因，两国人民之间的来往中断了二十多年。现在，经过中美双方的共同努力，友好来往的大门终于打开了。"收放适度，体现了大国领导人和优秀外交家的风范。本文刊载于1972年2月22日《人民日报》。

我们应该团结在一起／普京

在此情此景下发表讲话非常艰难，也非常痛苦。

在我们的国家发生了可怕的悲剧。一连几天，我们每个人的神经都在经受挑战，发生在俄罗斯城市别斯兰的一切令我们感同身受。在那里，我们遭遇的不是普通的杀手，他们用武器伤害的是一群无助的孩童。此时此刻，我首先要对那些失去自己孩子和亲朋的人表示支持与同情。

希望大家共同缅怀那些殒命于恐怖分子之手的无辜生灵。

翻开俄罗斯的历史，其中不乏悲剧与艰辛的磨难。我们今天所处的，是昔日大国分崩离析后的时代。令人遗憾的是，我们的国家显然无法适应这个瞬息万变的世界。

然而，尽管困难重重，我们仍然得以保全了苏联的心脏。我们称这个新生的国家为俄罗斯联邦。

我们都渴望变革。我们希望一切变得更好。

但对于生活中发生的许多变化，我们发现自己竟然毫无准备。这是为什么？

我们处于转轨经济时期，我们的政治体系并不能适合社会发展的现状。

我们处于内部冲突极端尖锐、种族间矛盾错综复杂的时期，而这些矛盾与冲突，过去一直被占主导地位的意识形态强权镇压了。

我们对国防和安全问题缺乏应有的关注，腐败蚕食了司法体系及护法机关。

我们的国家曾经具有最强大的捍卫自己疆界的能力，但而今的它，却处于东西难守的境地。建立现代化、高防御能力的新边界需要数年时间和数十亿卢布的巨额费用。但如果我们及时采取有效行动，我们可以做得更好一些。

总之，应当承认，我们对自己国内及世界上所发生的一切及其危险性估计不足。至少我们没能够作出应有的反应。我们的弱点暴露出来。而弱者总是会挨打的。

某些人希望从我们这里抢走“肥肉”，另一些人则充当了帮凶。他们认为俄罗斯作为世界核大国之一，仍然对部分人构成威胁，应当铲除这一威胁。

恐怖主义当然成为他们实现上述目的的工具。我已经多次提到，我们不止一次遭遇了危机、暴乱和恐怖袭击。但恐怖分子此次所犯下的罪行，是最没有人性的，其残忍史无前例。这不是对总统、议会和政府的挑衅，这是对整个俄罗斯、我们整个民族的挑衅。这是对我们国家的进攻。

恐怖分子认为，他们强于我们，他们可以用残忍来吓退我们，他们可以令我们意志崩溃、社会瓦解。乍看上去，我们是有选择的：或是抵抗，或是任他们倒行逆施，我们投降，令他们占领统治俄罗斯，我们最终便能获得安宁。

然而作为总统，作为俄罗斯的国家元首，作为一个发誓保卫国家、维护其领土完整的人，作为一名普通的俄罗斯公民，我深信，我们实际上别无选择。如果我们惧怕恐吓，被迫屈服，那数百万群众就会被卷入没有尽头的流血冲突中，与卡拉巴赫、德涅斯特河沿岸地区以及其他我们所熟知的悲剧如出一辙。我们不能对前车之鉴视而不见。

我们所面临的并非单个的恐怖袭击，而是多股恐怖分子的渗透。我们所面临的是反俄的国际恐怖势力的直接武装干涉，是全面的、大规模的惨烈战争，这一战争将一次又一次地夺走我们同胞的生命。

世界各国的经验表明，这样的战争将会旷日持久。因此，我们不能够也不应该同过去一样，对此漠然视之。

我们应该建立一个更为有效的安全体系，使得我们的护法机关在面临新威胁时，能够针对其严重程度及其规模采取有效的行动。但最重要的是，我们需要动员整个国家来应对面临的危难。其他国家的事例证明，恐怖分子所遭受的最有力的打击并不只来自强大的国力，还来自团结的民众。

尊敬的同胞们，那些指使匪徒犯下如此滔天罪行的人，其目的在于挑起民族内讧、恐吓俄罗斯公民、在北高加索地区制造流血战争。因此，我想强调以下几点。

首先，我们近期将出台一整套措施，以巩固国家统一。其次，我认为必须建立新的部队及资金作用体系，以控制北高加索地区的局势。最后，必须建立有效的应对危机的管理体系，包括在护法机关运作方面采用全新的方法。尤其要特别指出的是，所有这些措施都将严格依照宪法来实施。

亲爱的朋友们，我们一起经历了非常艰难而痛楚的数十个小时。在此，我非常感谢大家的镇定与公民的责任感。

无论是秉持的道义，还是表现出的勇敢和人与人之间的团结，我们都高出恐怖分子许多。今晚我再度体会到这一点。

此刻的别斯兰处处是哀伤与痛楚，人们比以前更加相互关心、相互支持。为了他人的生命与安宁，他们并不惧怕牺牲自己。哪怕在如此非人的条件下，他们同样保持了人的尊严。我们不能忘记那些无辜惨死的生命。但这些考验令我们更为团结，令我们重新审视许多事情。

今天，我们应该团结在一起。唯其如此，我们才能战胜敌人。

★说明：本文是2004年9月4日普京在克里姆林宫就别斯兰人质事件讲话。原文摘自欧亚研究网。标题为编者所加。

2004年9月1日上午9时30分左右，一伙头戴面罩、身份不明的武装分子突然闯入俄罗斯南部北奥塞梯共和国别斯兰市第一中学，将刚参加完新学期开学典礼的大部分学生、家长和教师赶进学校体育馆劫为人质，并在体育馆中及周围安放了爆炸物。到9月3日下午，事件持续约56个小时后宣告基本结束。事发当天俄罗斯官员说，在武装分子攻占学校的过程中有16人死亡。被武装分子扣押的人质达1200多人，其中70%是儿童。死亡的人质中，一部分是被恐怖分子开枪打死的，另外一部分是被恐怖分子引爆的爆炸装置炸死的或建筑物坍塌压死的。

附录二：高效演讲100招

记住并运用以下的100个演讲妙招，有助于你开展一场高效的演讲。

（1）演讲稿要一改再改，一删再删，一读再读。

（2）注意自己的演讲形象，要使仪表仪容与演讲的主题相适应。

（3）综合多种相同论点来立论，立论要大小适当，清楚明晰。

（4）务必给听众一个难忘的演讲形象，起码让其听讲前与听讲后的感觉有所不同。

（5）如果可能的话，尽量让听众参与演讲，增加和丰富演讲内容。

（6）预先观察演讲场地，熟悉环境设施，多做心里预演。

（7）安排演讲的时间，过长不益，过短不利。

（8）切记：一小时演讲，十小时准备，做好充分的心理准备。

（9）要熟悉演讲程序，清楚议程安排。

（10）演讲前要进行充足的休息，保持精神饱满。

（11）注意观察听众反应，把握演讲中的细节。

（12）要学会触景生题，随机应变。

（13）要检查演说场地的一切细微之处，即使是看似微不足道的地方。

（14）确定演讲的最佳位置。

（15）预先计划好如何退场。

（16）事先了解如何操作扩音设备。

（17）务必将演说的主要概念阐述清楚。

（18）必要的时候，要确定照明开关的位置，以便必要时调暗灯光，使用视觉辅助。

（19）要围绕三四个要点构思演说。

（20）可来几段相关的趣闻逸事以保持听众的兴趣。

（21）研究信息时勿忘自己的主要目的。

（22）演讲中每一个要点都要用一句话总结概括。

（23）必要的时候可以制造悬念或埋下伏笔。

（24）运用好势态语。

（25）未能立即获得某一信息尚凡可，而不识好的信息源则实可悲。

（26）要决定演说中有多少要点。

（27）演说务必结束于一个强劲有力、积极向上的要点上。

（28）构思演说时要清楚界定一个要点的结束和下一个要

点的开始。

（29）千万不能将演说构思得太繁杂，以免令人费解。

（30）要记住写讲稿不同于听人念讲稿。

（31）找出表达同一意思的不同方式，选用最自然的一种。

（32）对讲稿引用的东西要严格挑选。

（33）可以用卡通画使严肃话题轻松。

（34）讲稿每张纸仅打或写一面，并用大号字体。

（35）首次要听众看视听辅助时应停顿。

（36）在坚挺纸张或索引卡上记提要。

（37）每次排练时都用选定演说时用的视听辅助。

（38）时刻提醒自己：是与听众交流，而不是对他们讲话。

（39）保持平静的心态。

（40）不要过频繁地变换语调，这样听起来很假。

（41）掌控好演讲的语速，快慢有度，轻重有法。

（42）演说时非用不可的视听信息应该一式两份。

（43）必要的时候要进行排练：忘记某点在讲稿上的位置而又能设法找到。

（44）练习用正常语调、最大音量清楚地讲出来，但不是喊。

（45）要变换演说节奏并判定哪种节奏最有效。

（46）要知道听众是你的朋友，他们都想从你这儿学到一些东西，或获得一些启迪。

（47）如果你举止自然，听众就会对你热情。

（48）要像看待一小伙听众一样看待大量听众。

（49）可以照镜子研究自己，看看自己应该给听众一个什么样的演讲印象。

（50）不能穿戴任何分散听众注意力的东西。

（51）演说时手不能插在口袋里。

（52）头发千万不能垂到脸上。

（53）要学会放松脸部肌肉并微笑。

（54）演说时应穿舒适的鞋子。

（55）身体语言必须反映说话内容，不要无故做无意义的动作。

（56）临演讲前可以含粒薄荷味或蜂蜜味的糖，以此缓解生理可能出现的紧张。

（57）紧张时加大呼吸深度，也可两脚抓地。

（58）演讲前尽可能罗列出令你对演说紧张的因素。

（59）自我伸展并想象你比实际高。

（60）试以端坐不动的姿势放松10分钟。

（61）练习变换若干句子的语调。

（62）要仅在笑得自然的时候微笑。勉强的笑总显得虚假造作，令人不信。

（63）演说前夜睡个好觉，以使自己精神饱满。

（64）每次演说前都要例行这种临场仪式。

（65）要让听众知道你很了解他们的感情。

（66）可利用某些紧张能量活跃演说。

（67）深呼吸，放松，微笑，然后慢慢地开始演说。

（68）讲稿每次不能多看，要集中注意于演说流利。

（69）每当讲到要点时都要短暂停顿。

（70）不要怕用大手势和长停顿。

（71）注意脚拍地的声音，这是一种强烈的不耐烦表示。

（72）总结与问答之间要有休息，以此缓解紧张气氛。

（73）关键数词要重复，如“15个星期”。

（74）讲段大家喜欢的、不离题的趣闻逸事可缓解紧张。

（75）不要让视觉辅助显示过久，这样会分散听众注意力。

（76）不要草草收场，好似要匆匆离开一样。

（77）每次演说都要以一个精彩有力的总结收场。

（78）可想象自己在做一流演说。

（79）要不失时机地与听众中某人进行目光接触。

（80）要尽可能多地听先讲的人演说。

（81）总结时要用同声共韵制造感染力。

（82）可于常规间歇中提问以使听众发言。

（83）相信自己，全神贯注，不要被听众可能出现的某些无理举动分神。

（84）如果你正坐着演说，台下出现意外情况，干扰了你的讲话，此时应该起立以维护自己的权威。

（85）应当避免过长时间的目光接触，那样可能激怒人。

（86）要用知识赢得听众。

（87）对羞怯或紧张的提问人要鼓励道：“提得好！”

（88）将怀有敌意的提问转给提问人自己或听众回答。

（89）要说真话，因为听众会很快识别出虚假，从而有损于你的威信。

（90）可与某位你觉得易接近的人进行最初的目光接触。

（91）要小心避免以听众的恩人自居。

（92）对确信会提的问题要预先准备一两个较长的回答。

（93）请记住敌意针对的是你的观点而不是你个人，所以即使这种情况出现，也不要心情暴躁。

（94）可找你的朋友对练即席问答。

（95）如果你讲的是事实，就应当摆出证据说服人。

（96）无论听众提问的语气或目的如何，你都要保持冷静。

（97）要尽量发现一些你与听众的共同点。

（98）要向全体听众，而不是仅向提问人回答。

（99）要既处之悠然又保持警惕，这样你便会得意于你的演说。

（100）记住激情和幽默是演讲的两大法宝。